AF643889

Anna Kistler / Stefanie Schneider

Rechnen ohne Stolperstein

Band 1A

Pränumerischer Bereich
Zahlenraum 0 bis 3

Arbeitsheft / Fördermaterial

Cornelsen

Redaktion: Sabine Müthing, Castrop-Rauxel
Umschlagillustration und Illustration: Kristina Klotz, München
Umschlaggestaltung: Corinna Babylon, Berlin
Technische Umsetzung: PrePress-Salumae.com, Kaisheim; LemmeDESIGN, Berlin

www.cornelsen.de

1. Auflage, 4. Druck 2024

Alle Drucke dieser Auflage sind inhaltlich unverändert
und können im Unterricht nebeneinander verwendet werden.

© 2015 Cornelsen Schulverlage GmbH, Berlin
© 2019 Cornelsen Verlag GmbH, Mecklenburgische Str. 53, 14197 Berlin, E-Mail: service@cornelsen.de

Das Werk und seine Teile sind urheberrechtlich geschützt. Jede Nutzung in anderen als den gesetzlich zugelassenen Fällen bedarf der vorherigen schriftlichen Einwilligung des Verlages. Hinweis zu §§ 60 a, 60 b UrhG: Weder das Werk noch seine Teile dürfen ohne eine solche Einwilligung an Schulen oder in Unterrichts- und Lehrmedien (§ 60 b Abs. 3 UrhG) vervielfältigt, insbesondere kopiert oder eingescannt, verbreitet oder in ein Netzwerk eingestellt oder sonst öffentlich zugänglich gemacht oder wiedergegeben werden. Dies gilt auch für Intranets von Schulen und anderen Bildungseinrichtungen.
Der Anbieter behält sich eine Nutzung der Inhalte für Text- und Data-Mining im Sinne § 44 b UrhG ausdrücklich vor.

Druck: H. Heenemann, Berlin

ISBN 978-3-589-15983-3

PEFC
PEFC/04-31-1156

PEFC zertifiziert
Dieses Produkt stammt aus nachhaltig bewirtschafteten Wäldern und kontrollierten Quellen.

www.pefc.de

Inhaltsverzeichnis

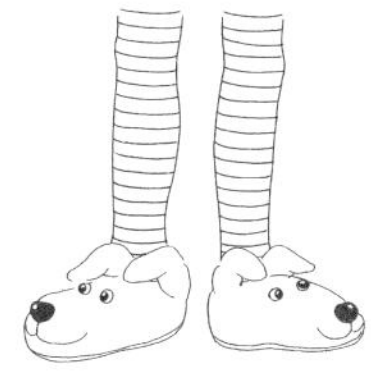

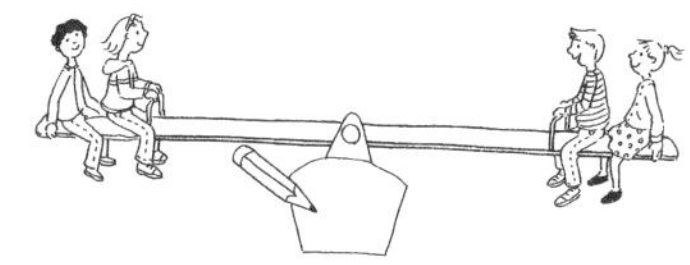

Vorbemerkungen

Die Gesetzmäßigkeiten der Mathematik eignen sich hervorragend zum eigenen Entdecken. Die Darbietung des Unterrichtsstoffes in Schulbüchern bietet Kindern mit Schwierigkeiten beim Rechnen aber in der Regel zu wenig Struktur. Damit auch Kinder mit Problemen zum Nachdenken ermutigt werden, müssen Beispiele angeboten werden, die überschaubar sind, sich in Zahlenräumen bewegen, die für die Kinder erfassbar sind, und besondere Schwierigkeiten gesondert thematisieren. Kinder können so ihr Vorwissen aktivieren und auf höhere Zahlenräume übertragen.

Eltern und Lehrkräfte nehmen oft Probleme beim Erlernen des Rechnens nicht wahr, die für Kinder zum Stolperstein werden können. Im numerischen Bereich stolpern viele Kinder beim Übergang vom konkret-anschaulichen zum abstrakten Rechnen. Das Zählen mit den Fingern oder „Rechendrill" helfen da nicht weiter. Mit der Verwendung der Mengenbilder in Zweieranordnung, die sehr einprägsam ist, wird den Kindern eine „Brücke" zur Abstraktion geboten. Ihr abstraktes Denken wird durch anschauliche Mengenbilder unterstützt und geprägt, mit denen sie dann zu „wirklichen" mathematischen Operationen (nicht zum Dazuzählen mit den Fingern etc.) fähig sind. Zudem eignen sich diese Mengenbilder dazu, den erweiterten Zahlenraum in unserem Dezimalsystem auf anschauliche Weise aufzubauen.

Durch die **Zweieranordnung** der Mengen können besondere Schwierigkeiten wie z. B. die Zehnerübergänge anschaulich dargestellt werden. Die Ursprünge der Zweieranordnung gehen auf Kühnel in den Zwanzigerjahren zurück.[1] Die „Formzahlbilder" wurden von Prof. Dr. Schröter erprobt.[2]

Eine weitere Hilfe ist es, jede Menge mit einem einprägsamen **„Standard"** (Margarita Wittoch) zu verbinden, an den sich ein Thema anschließt (z. B. Thema „Spielen" bei der Menge 5 in Anlehnung an den Standard „Hand"). In den höheren Zahlenräumen werden Themen verwendet, die im Unterricht gezielt bei der Einführung eines neuen Lernschritts zum Entdecken durch Handeln anregen sollen.

Auch der **immer gleiche Aufbau der Mengen und Übungsformen** kommt Kindern mit Rechenproblemen entgegen. Er ermöglicht es ihnen, die Aufmerksamkeit innerhalb der einzelnen Lernschritte auf Inhalte zu richten. Sie können so im eigenen Tempo, relativ selbstständig, im Stoff voranschreiten.

In dem vorliegenden Band werden diese Hilfen konsequent eingesetzt.

---

[1] Vgl. KÜHNEL, J. (1922): Neubau des Rechenunterrichts, Leipzig (Klinkhardt)

[2] Vgl. SCHRÖTER, G. (1989): Mathematik in der Grundschule – Die Methode der Formzahlbilder, Regensburg (Wolf)

Ausgewählte weiterführende Literatur

ABELE, A.; KALMBACH, H. u. a. (1993): Handbuch der Grundschulmathematik. 1. und 2. Schuljahr. Stuttgart
ASTER, M. v.; LORENZ, J. H. (Hrsg.) (2005): Rechenstörungen bei Kindern. Göttingen (Vandenhoek & Ruprecht)
DIMIDI – Deutsches Institut für medizinische Dokumentation und Information (Hrsg.) (1994)
FRITZ, A.; RICKEN, G.; SCHMIDT, S. (Hrsg.) (2003): Rechenschwäche. Weinheim, Basel, Berlin (Betz)
GANSER, B. (Hrsg.) (1995): Rechenstörungen (1. Aufl.). Donauwörth (Auer)
GANSER, B. (Hrsg.) (2004): Rechenstörungen (5. überarb. Aufl.). Donauwörth (Auer)
GERSTER, H.-D. (1982): Schülerfehler bei schriftlichen Rechenverfahren. Freiburg (Herder)
GRISSEMANN, H.; WEBER, A. (1990): Grundlagen der Praxis der Dyskalkulietherapie. Stuttgart (Huber)
ICD-10, Internationale statistische Klassifikation der Krankheiten und verwandter Gesundheitsprobleme. Bd. 1. Stand August 1994. Bern (Huber), S. 387.
KÜHNEL, J. (1922): Neubau des Rechenunterrichts. Leipzig (Klinkhardt)
LORENZ, J. H.; RADATZ, H. (1993): Handbuch des Förderns im Mathematikunterricht. Hannover (Schroedel)
SCHRÖTER, G. (1989): Mathematik in der Grundschule – Die Methode der Formzahlbilder, Regensburg (Wolf)

Hinweise zur Arbeit mit Band 1A und 1B

Zu Beginn von Band 1A werden die wichtigsten Schritte des pränumerischen Bereichs in Form von Arbeitsblättern aufgezeigt. Dadurch soll lediglich die Systematik erkennbar werden.[3] Es ist **unerlässlich**, diese grundlegenden mathematischen Fähigkeiten durch **vielfältiges Handeln** im Unterricht zu erarbeiten und zu sichern.

Im pränumerischen Bereich werden wichtige Voraussetzungen für den operativen Umgang mit Mengen geschaffen. Beispielsweise werden bei der zeitlichen Seriation Grundlagen für die Strukturierung von Sachaufgaben gelegt. Mit einprägsamen Figuren (Fee/Räuber) können sich die Kinder bereits hier mit Rechensituationen auseinandersetzen und die Vorgehensweise bei Addition und Subtraktion wird vertraut. Da Kinder schulisches Rechnen mit Zahlen gleichsetzen, ist es motivierend, zwischen pränumerischen und numerischen Inhalten abzuwechseln. Dem trägt auch der Aufbau des vorliegenden Bandes Rechnung.

In dem Band 1A steht die Arbeit mit der Gleichung bei einfachen Plus- und Minusaufgaben im Vordergrund. Wichtig ist uns die Thematisierung der Menge 0, die Kindern erfahrungsgemäß beim abstrakten Rechnen Schwierigkeiten bereitet und zentral für die Arbeit im Dezimalsystem ist. Im numerischen Teil wird das Zerlegen bereits vor Einführung der Plus- und Minusoperationen geübt, jedoch ohne Gleichung. Dies ist wichtig für die Mengenerfassung, im Besonderen für die Beziehung der Teile zum Ganzen. Das Zerlegen als Gleichung wird in Band 1B bei Menge 4 thematisiert. Kinder mit besonders großen Problemen beim Rechnen sind mit dem Zerlegen in Form von Gleichungen oft überfordert. Aber auch hier dient die Handlung der Festigung des Zahlenraums.

Das Verständnis des symbolischen und abstrakten Rechnens setzt Handeln voraus. Deshalb haben wir für alle Mengen je ein Thema aus dem Erfahrungsbereich der Kinder ausgewählt. Mit diesem Thema lassen sich mit wenig Aufwand vielfältige Spielsituationen schaffen, in denen die Kinder mathematische Strukturen erkennen können. Zudem wirken diese Situationen als Anker, die ein späteres Abrufen erleichtern (vgl. auch Wittochs „Standards“). Die beiden Bände enthalten auch einige anspruchsvollere Aufgaben wie Tausch- und sogenannte „Drei-Freundinnen-Aufgaben“, bei denen ebenfalls die Teile-Ganzes-Beziehung im Vordergrund steht.

Das Lösen von Sachaufgaben ist für einige Kinder kaum zu bewältigen. Eine mögliche Strukturierungshilfe ist die Anwendung der bereits bei der Seriation verwendeten Verbalisierung in Verbindung mit Platzhaltern für die zu notierende Gleichung.

3	+ 2	= 5
Wie viele sind am Anfang da?	Was passiert?	Wie viele sind es am Schluss?

Das Verständnis für diese Art des Aufschreibens kann durch einfache Spielsituationen, die in Gleichungen umgesetzt werden, motivierend gestaltet werden.
Beispiel zur Menge 3: Sandkasten (auf dem Teppich im Klassenzimmer): 2 Kinder spielen mit Förmchen, 1 Kind kommt dazu: „Darf ich mitspielen?“, Gleichung wird notiert (2 + 1 = 3).

[3] Vgl. KISTLER, A.; SCHNEIDER, S.: Lehrplanentwurf Mathematik für Sachsen, in: vds, Behindertenpädagogik in Bayern 3/95

Rechnen mit den „Drei Freundinnen“[4] (Teile-Ganzes-Rechnen)

Teile-Ganzes-Rechnen erleichtert den Kindern das Lösen von Gleichungen. Um das Ganze für die Kinder anschaulich zu gestalten, verwenden wir das Bild von drei Freundinnen bzw. von drei Freunden, die zusammengehören.

<u>Beispiel: Freundinnen-Aufgaben mit den Zahlen **4** / 3 / 1</u>

Mit diesen drei Zahlen können Gleichungen erstellt werden:

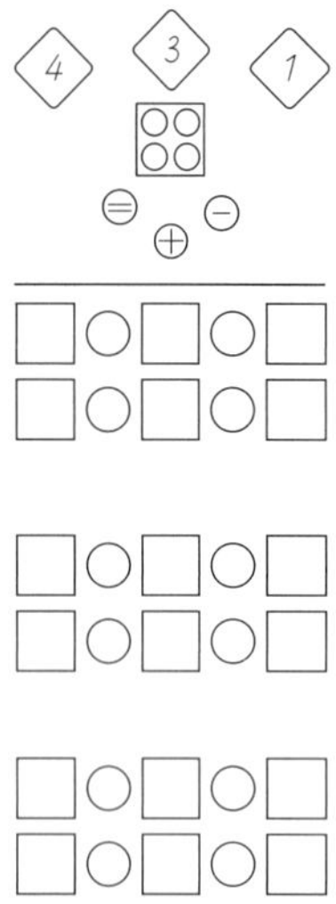

3 + 1 = **4**
1 + 3 = **4**

4 – 3 = 1
4 – 1 = 3

4 = 3 + 1
4 = 1 + 3

Es gibt in jeder Gleichung eine große Freundin (hier die **4**) und zwei kleine Freundinnen (hier 1 und 3).

Hierbei wird deutlich, dass
- bei **Plusaufgaben** die große Freundin immer hinten steht,
- bei **Minusaufgaben** die große Freundin immer vorn steht,
- beim **Zerlegen** die große Freundin immer vorn steht.

Die Kontrolle erfolgt über das Legen mit Plättchen.

Bei der Lösung müssen die Kinder folgende Fragen klären:
1. Was passiert (plus, minus oder zerlegen)?
2. Wo ist die große Freundin?
3. Welche Freundin fehlt?

Das **Ergänzen** als schwierige Platzhalteraufgabe (im Beispiel: 3 + ☐ = 4) wird eine Plusrechnung (die kleine Freundin 1 fehlt).

---

[4] In den Arbeitsblättern werden beide Geschlechterformen im Wechsel eingesetzt. In den Erläuterungen zu diesem Aufgabentyp wird zugunsten einer besseren Lesbarkeit nur die weibliche Form benutzt.

Hinweise zum Umgang mit den Rechenplättchen

Zu „Rechnen ohne Stolperstein“ gibt es strukturiertes Rechenmaterial („Rechenplättchen“, ISBN 978-3-589-16495-0), das die Kinder beim Lernen unterstützt. Es folgen nun einige Hinweise zum Einsatz dieser Rechenplättchen:

Dem Einsatz der Rechenplättchen müssen konkrete Handlungen aus dem Erfahrungsbereich der Kinder vorausgehen. Besonders bei jedem neuen Rechenschritt sollte konkret gehandelt werden. Anregungen hierzu finden sich in den Einführungen der Rechenhefte, z. B. das Thema „Die sieben Zwerge“ bei der Zahl 7.

Addition:
Eine neue Menge entsteht durch Zusammenschieben zweier Plättchen. Sie werden so aneinander gelegt, dass bei der Summe die Gestalt der Zweieranordnung erhalten bleibt.

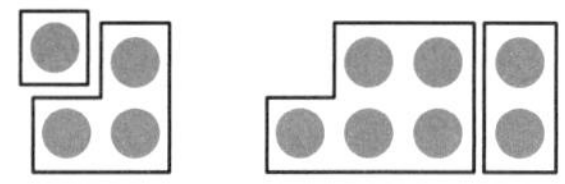

3 + 1 2 + 5

Subtraktion:
Die Ausgangsmenge wird mit Plättchen gelegt. Die Menge, die abgezogen werden soll, wird mit der jeweiligen Minusfolie (auf diese Weise bleibt die Gleichung ersichtlich) oder mit dem entsprechenden Plättchen abgedeckt.

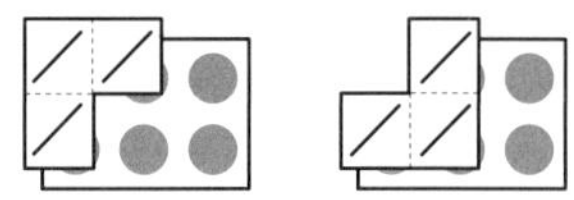

6 – 3 5 – 3

Zerlegen:
Die Ausgangsmenge wird mit Plättchen gelegt. Die vorgegebene Teilmenge wird mit einer Bleischnur, einem Stift, einem Band o. Ä. abgetrennt, die Zerlegung in zwei Mengen wird sichtbar. Die Zerlegungsmöglichkeiten der Mengen bis 9 sind wichtige Voraussetzungen für den Zehnerübergang!

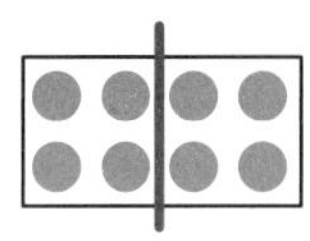

8 = 4 + 4

Allgemeine Hinweise:
Äußere Ordnung ist eine wichtige Orientierungshilfe beim Rechnen:

- Zu Beginn jeder Rechenstunde sollten die Plättchen geordnet auf dem Arbeitstisch/-teppich liegen.
- In die grüne Schachtel (Hunderter-Schachtel) geordnet, ergeben immer zwei Mengen 10 (1/9, 2/8, 3/7 usw.).
- Beim Rechnen bis 10 können noch nicht eingeführte Mengen mit der Rückseite nach oben in der Schachtel bleiben.
- Der Deckel der Hunderter-Schachtel kann als Arbeitsbegrenzung (Legefläche) für die aktuelle Aufgabe benutzt werden.

Kreise Schulsachen rot und Spielsachen gelb ein!

Gruppenbildung

Kreise die Tiere in unterschiedlichen Farben ein!

Tiere, die laufen: grün

Tiere, die fliegen: gelb

Tiere, die schwimmen: blau

Kistler / Schneider: Rechnen ohne Stolperstein, Band 1A. Illustrationen: Kristina Klotz

Räumliche Orientierung

Male vorne ☺ und hinten ◍ dazu!

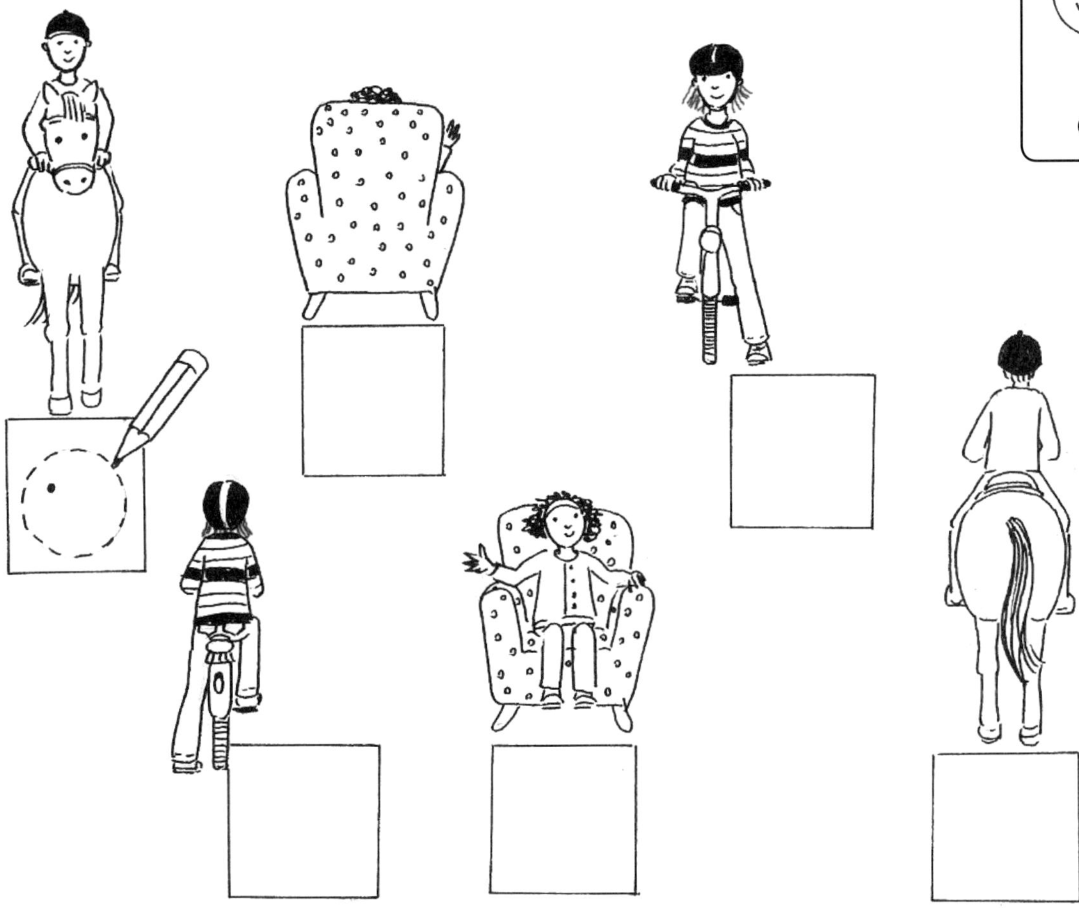

Vorne ☺ oder hinten ◍ ? Male richtig dazu.

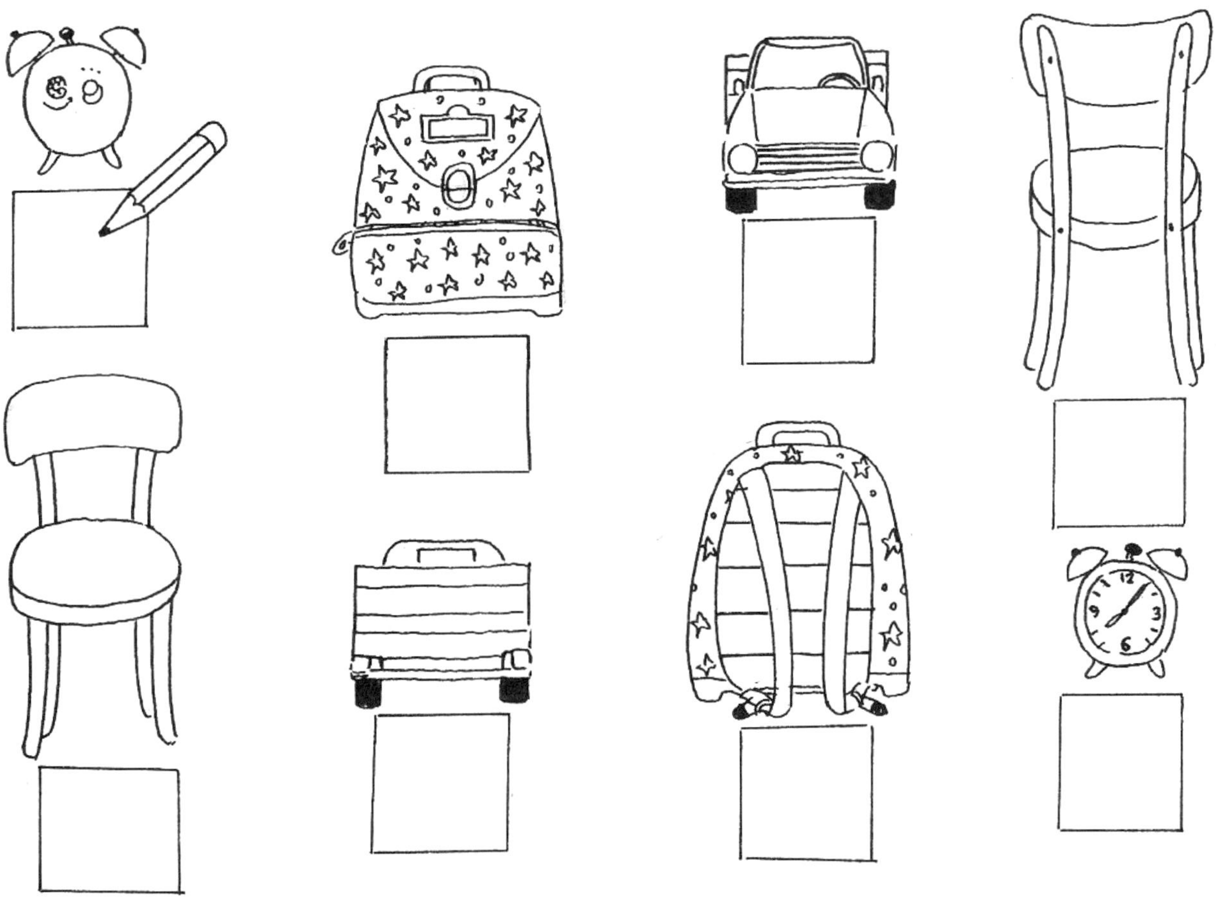

© 2019 Cornelsen Verlag GmbH, Berlin. Alle Rechte vorbehalten. Die Vervielfältigung dieser Seite ist für den eigenen Unterrichtsgebrauch gestattet. Für inhaltliche Veränderungen durch Dritte übernimmt der Verlag keine Verantwortung.

Räumliche Orientierung

Auf oder unter? Male die passenden Bilder aus!

Male den Ball an die richtige Stelle!

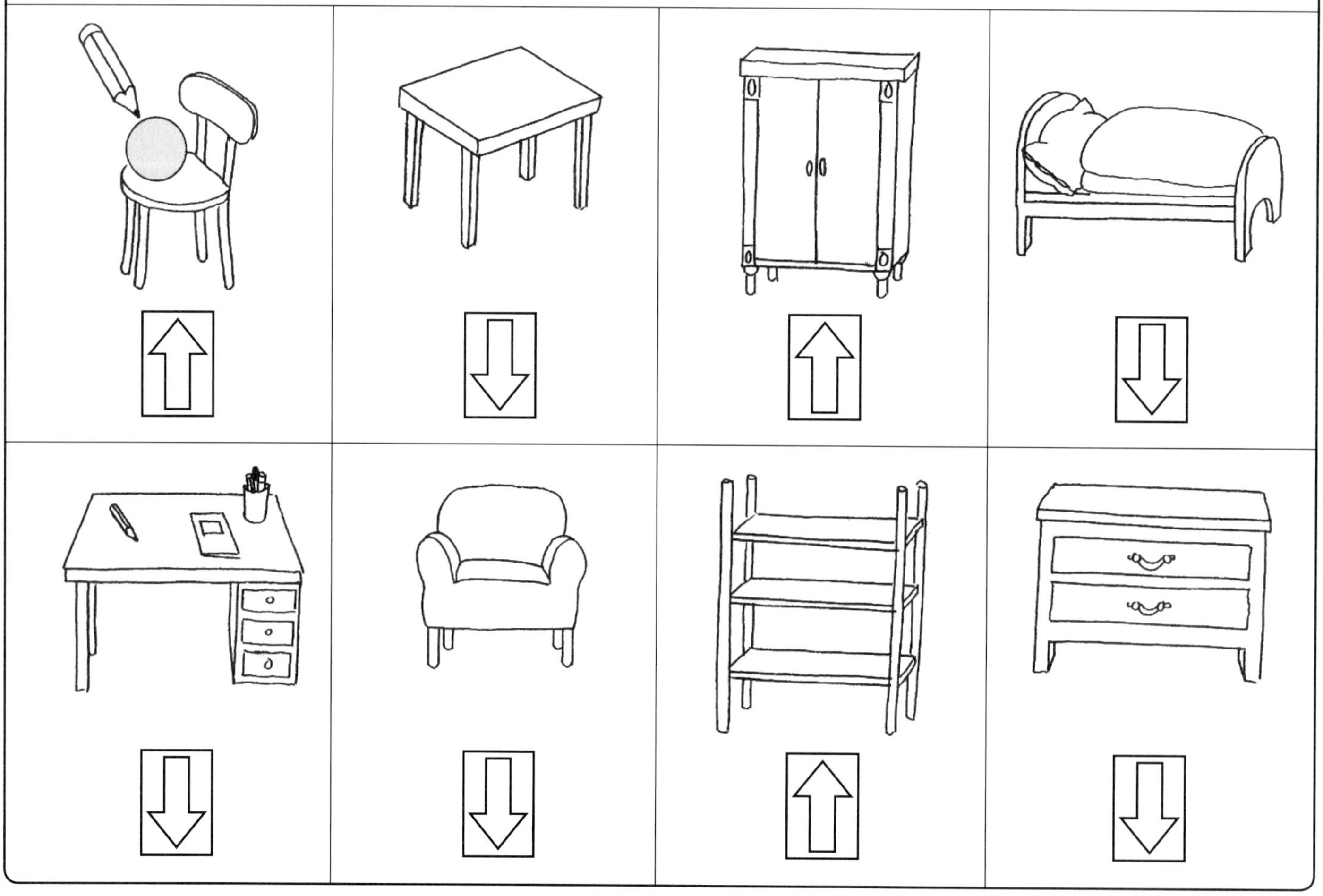

Kistler/Schneider: Rechnen ohne Stolperstein, Band 1A. Illustrationen: Kristina Klotz

Links ⇦ oder ⇨ rechts? Male richtig dazu.

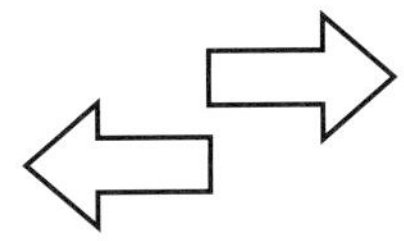

Räumliche Orientierung

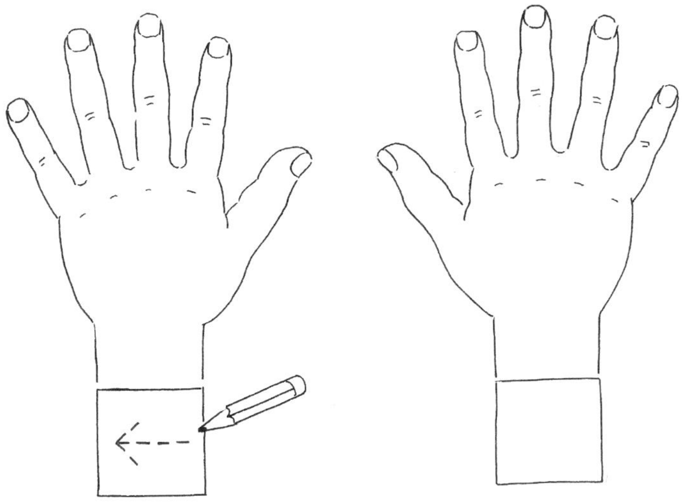

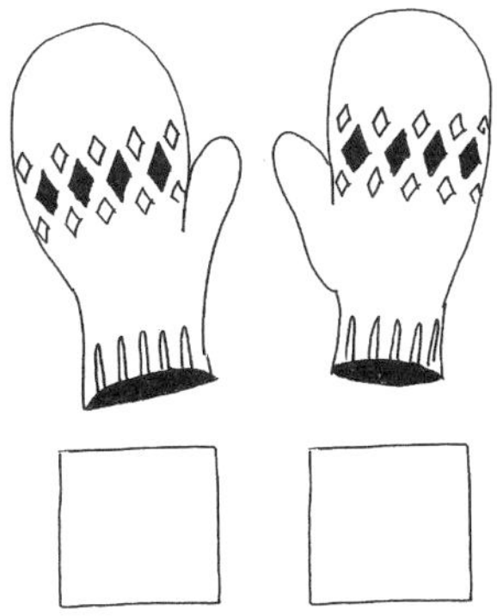

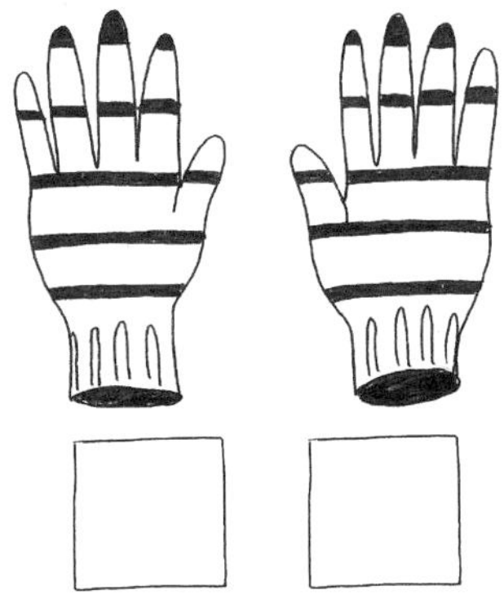

Male links gelb 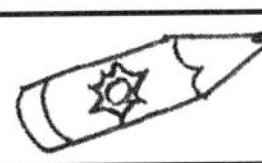 und rechts braun  !

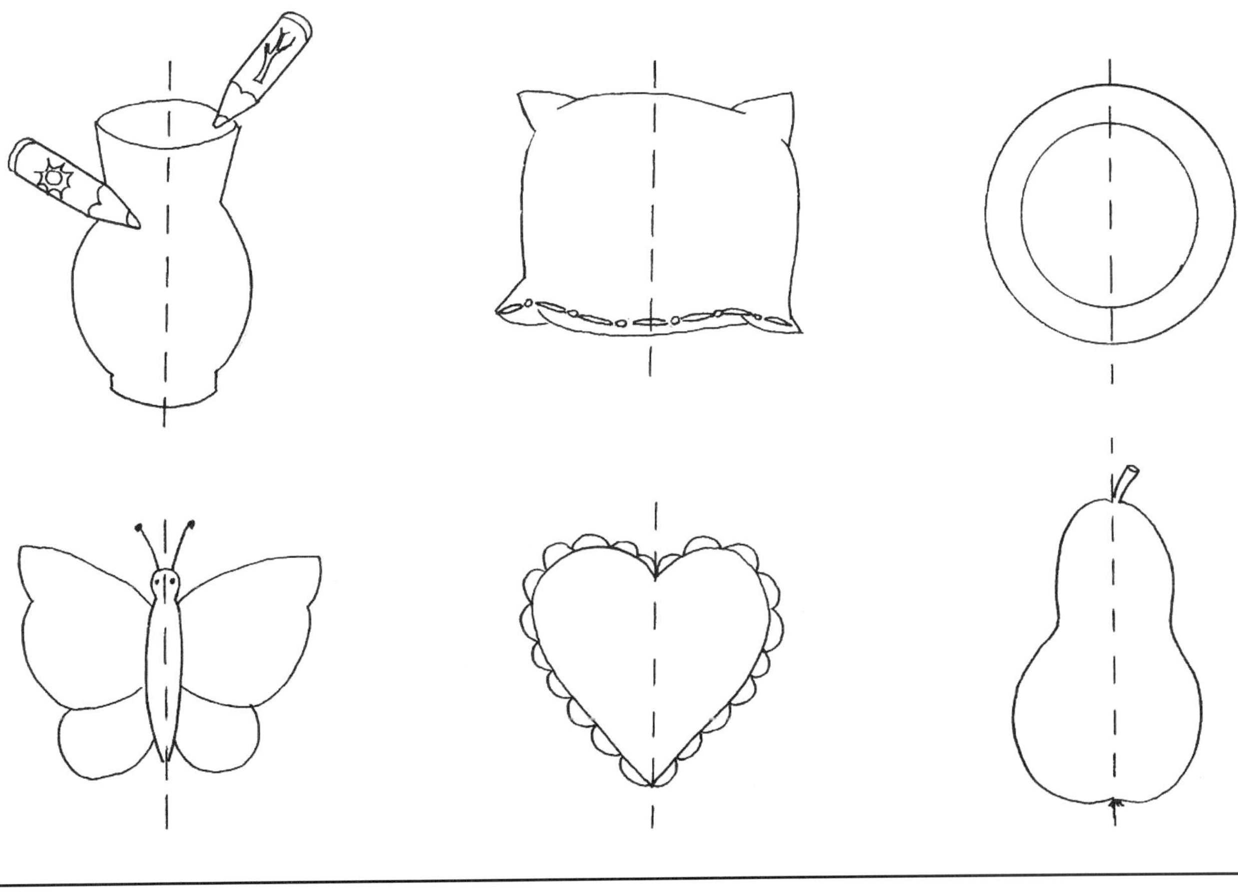

© 2019 Cornelsen Verlag GmbH, Berlin. Alle Rechte vorbehalten. Die Vervielfältigung dieser Seite ist für den eigenen Unterrichtsgebrauch gestattet. Für inhaltliche Veränderungen durch Dritte übernimmt der Verlag keine Verantwortung.

Links ⇦ oder ⇨ rechts? Male die passenden Tiere aus!

Räumliche Orientierung

Zeichne die Pfeile dazu!

Kistler/Schneider: Rechnen ohne Stolperstein, Band 1A. Illustrationen: Kristina Klotz

Große und kleine Dinge! Verbinde richtig.

Merkmale:
Gegensätze

Male passende Tiere und Gegenstände an!

© 2019 Cornelsen Verlag GmbH, Berlin. Alle Rechte vorbehalten. Die Vervielfältigung dieser Seite ist für den eigenen Unterrichtsgebrauch gestattet. Für inhaltliche Veränderungen durch Dritte übernimmt der Verlag keine Verantwortung.

Male in den richtigen Farben aus!

Merkmale: Farben

rot | gelb | blau

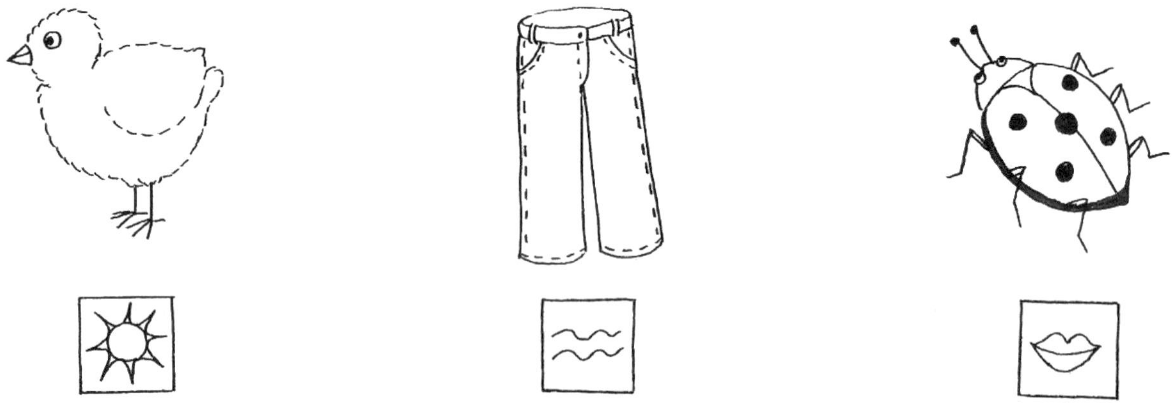

Male alle Formen in der richtigen Farbe aus!

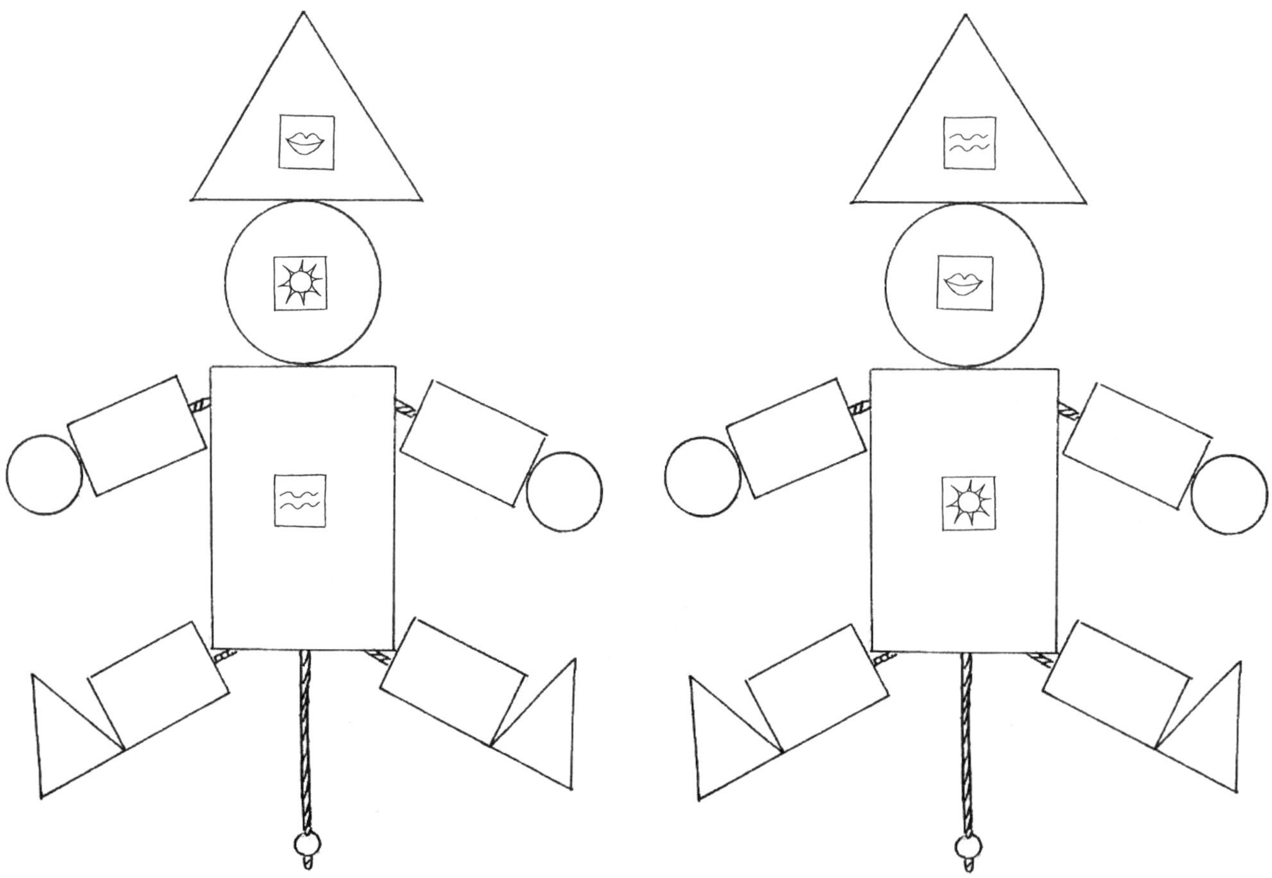

Kistler / Schneider: Rechnen ohne Stolperstein, Band 1A. Illustrationen: Kristina Klotz

Male in den richtigen Farben aus!

Merkmale: Farben

grün

orange

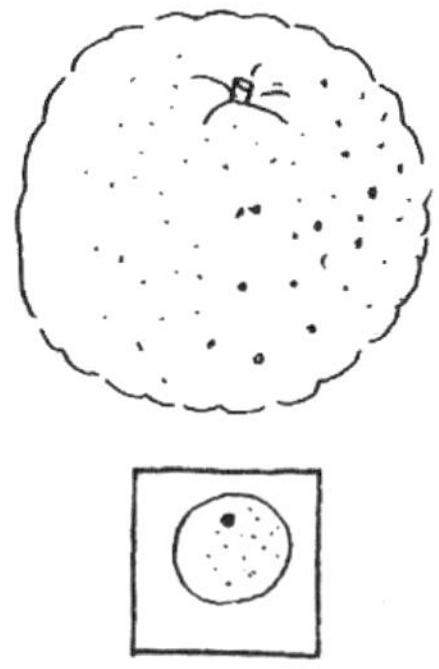

lila

Male die Puppe richtig an!

© 2019 Cornelsen Verlag GmbH, Berlin. Alle Rechte vorbehalten. Die Vervielfältigung dieser Seite ist für den eigenen Unterrichtsgebrauch gestattet. Für inhaltliche Veränderungen durch Dritte übernimmt der Verlag keine Verantwortung.

Verbinde richtig!

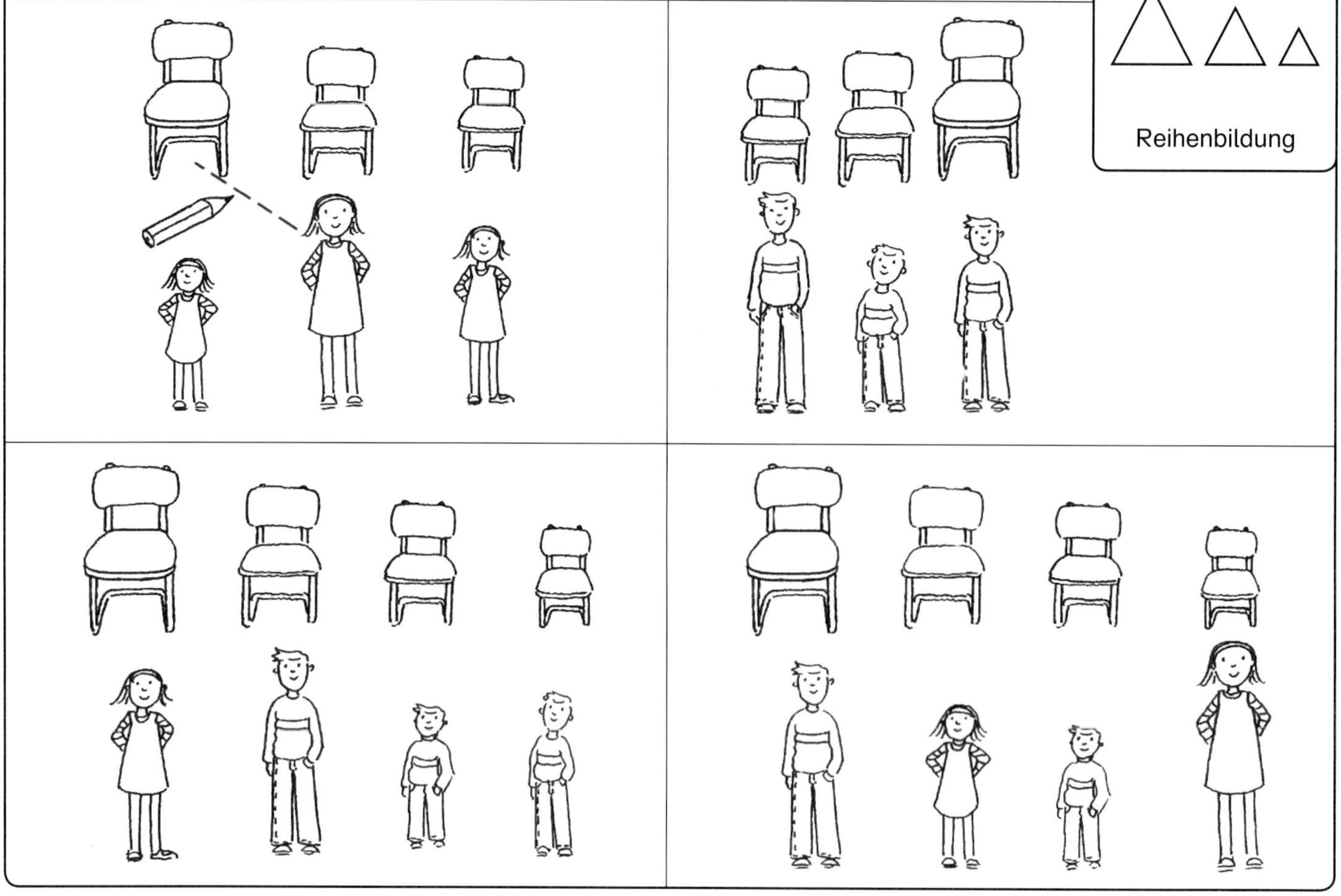

Reihenbildung

Male richtig aus!

Kistler/Schneider: Rechnen ohne Stolperstein, Band 1A. Illustrationen: Kristina Klotz

Male die Zeichen richtig dazu!

zeitliche Reihenbildung

zuerst – zuletzt

Male die Zeichen richtig dazu!

zuerst – dann – zuletzt

© 2019 Cornelsen Verlag GmbH, Berlin. Alle Rechte vorbehalten. Die Vervielfältigung dieser Seite ist für den eigenen Unterrichtsgebrauch gestattet. Für inhaltliche Veränderungen durch Dritte übernimmt der Verlag keine Verantwortung.

1 Strich für jedes Tier! Schreibe auf.

Gegenstands-
vertreter

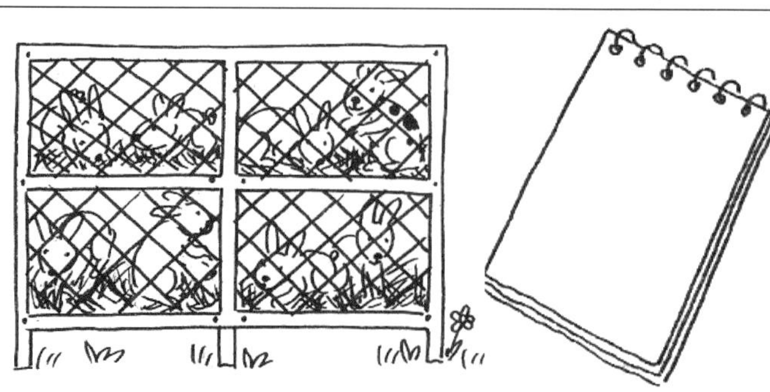

Kistler/Schneider: Rechnen ohne Stolperstein, Band 1A. Illustrationen: Kristina Klotz

Zahlensuche! Male an.

Was zeigt die Lupe? Verbinde mit dem Bild oben.

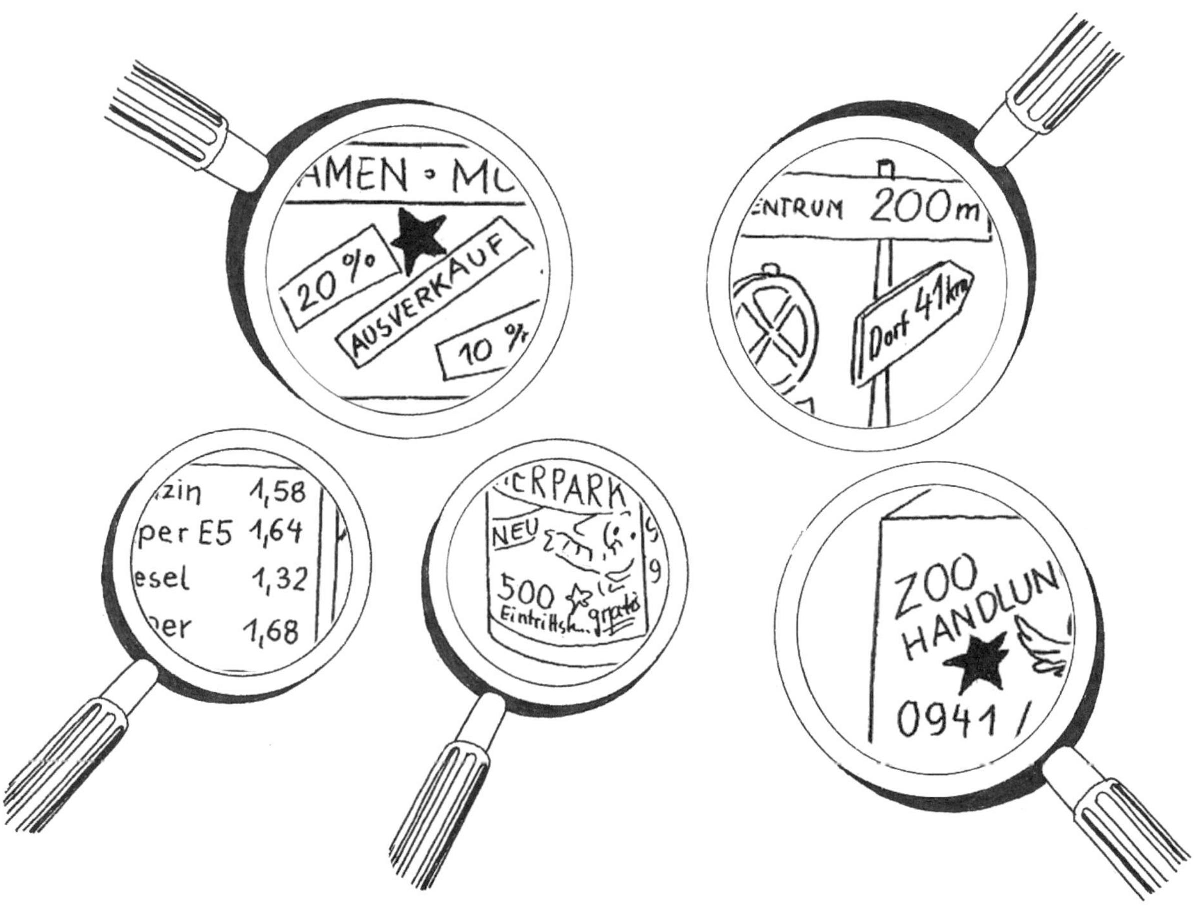

© 2019 Cornelsen Verlag GmbH, Berlin. Alle Rechte vorbehalten. Die Vervielfältigung dieser Seite ist für den eigenen Unterrichtsgebrauch gestattet. Für inhaltliche Veränderungen durch Dritte übernimmt der Verlag keine Verantwortung.

Findest du 1 ? Spure nach und male an.

Zahlensuche

Findest du 2 ? Spure nach und male an.

Kistler/Schneider: Rechnen ohne Stolperstein, Band 1A. Illustrationen: Kristina Klotz

Findest du 3 ? Spure nach und male an.

2 5 1 8 6 3 0 4 7 9

Zahlensuche

Findest du 4 ? Spure nach und male an.

© 2019 Cornelsen Verlag GmbH, Berlin. Alle Rechte vorbehalten. Die Vervielfältigung dieser Seite ist für den eigenen Unterrichtsgebrauch gestattet. Für inhaltliche Veränderungen durch Dritte übernimmt der Verlag keine Verantwortung.

Findest du 5 ? Spure nach und male an.

Zahlensuche

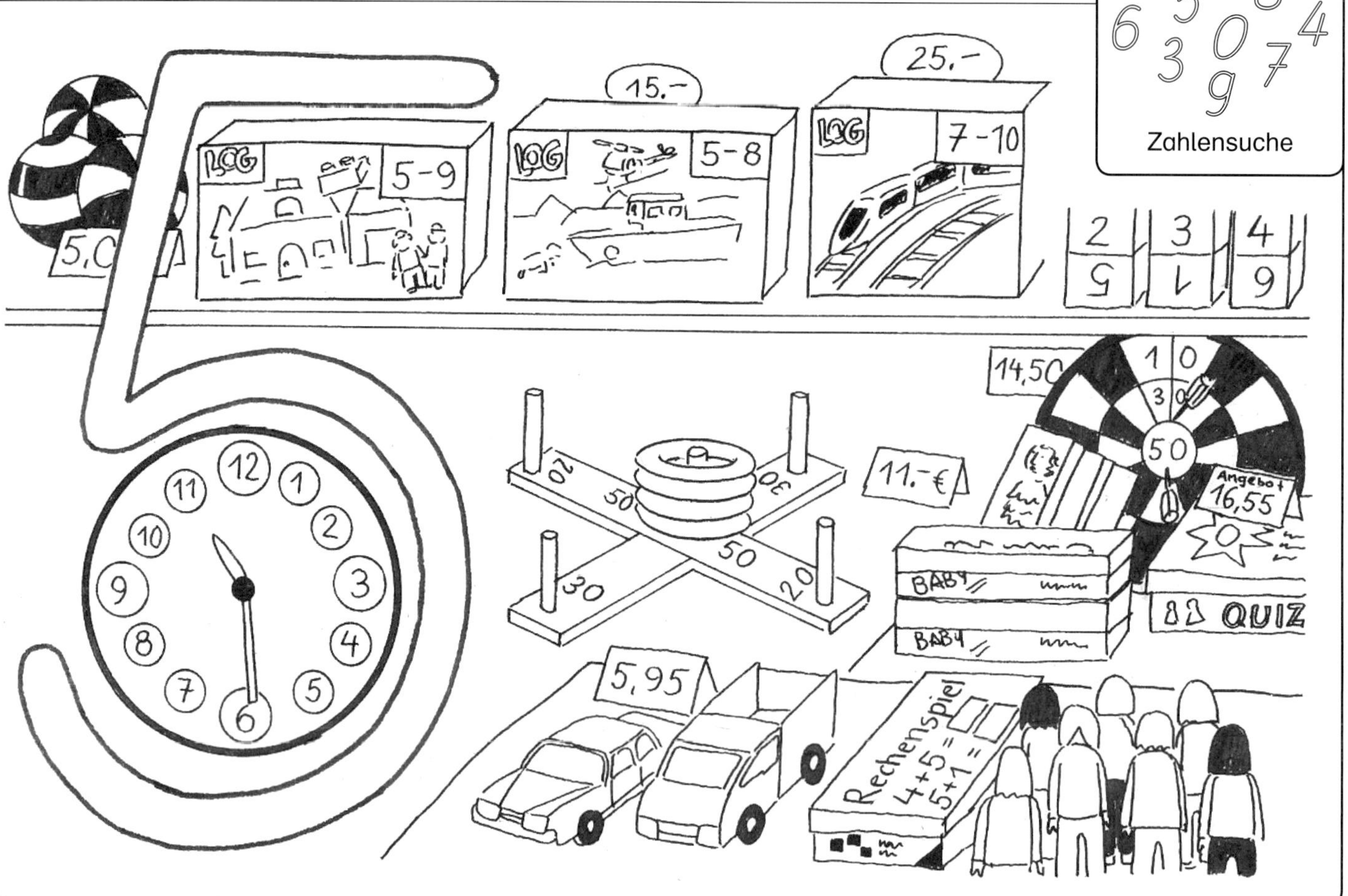

Findest du 6 ? Spure nach und male an.

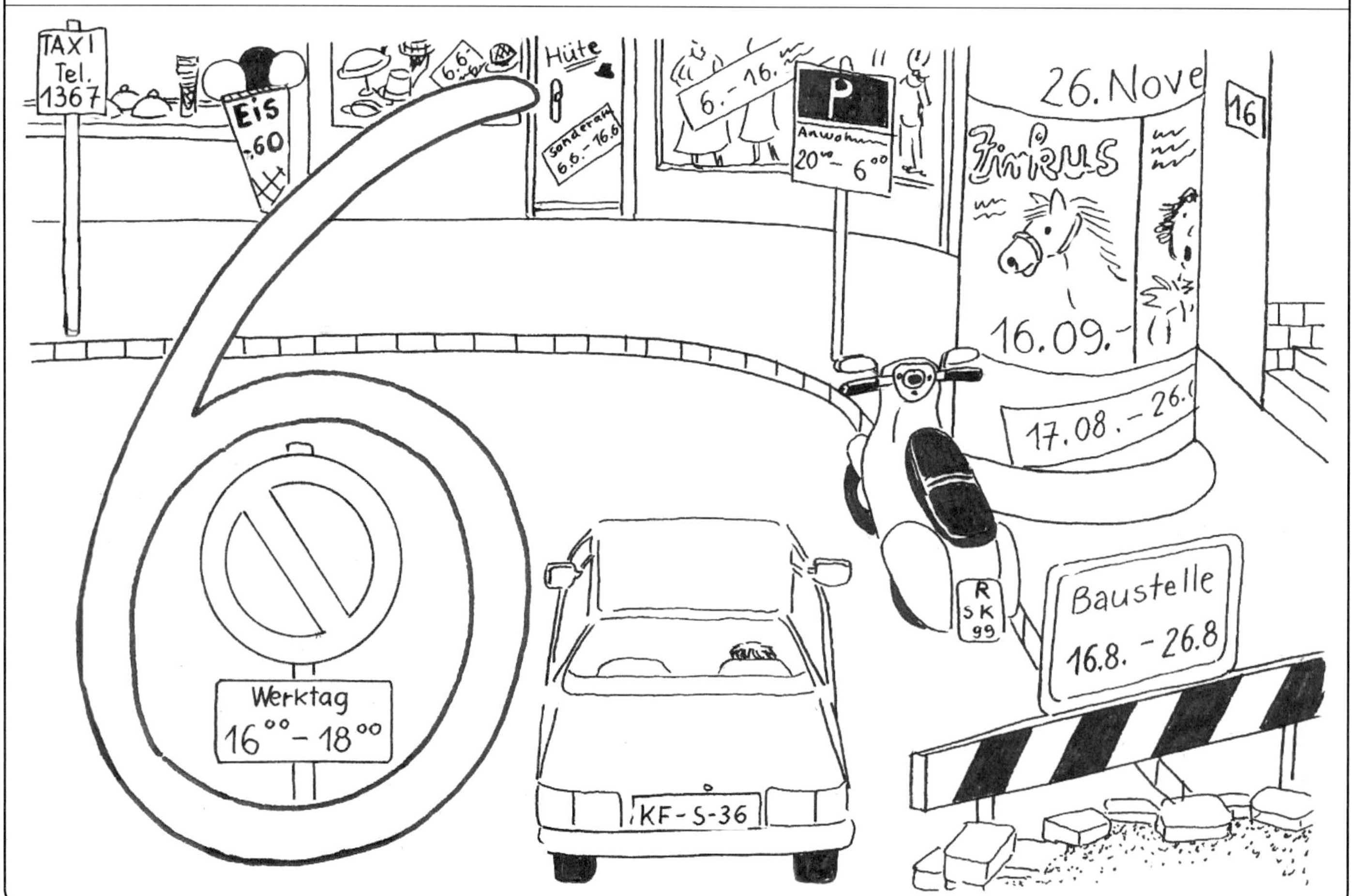

Kistler/Schneider: Rechnen ohne Stolperstein, Band 1A. Illustrationen: Kristina Klotz

Findest du 7 ? Spure nach und male an.

Zahlensuche

Findest du 8 ? Spure nach und male an.

© 2019 Cornelsen Verlag GmbH, Berlin. Alle Rechte vorbehalten. Die Vervielfältigung dieser Seite ist für den eigenen Unterrichtsgebrauch gestattet. Für inhaltliche Veränderungen durch Dritte übernimmt der Verlag keine Verantwortung.

Findest du 9 ? Spure nach und male an.

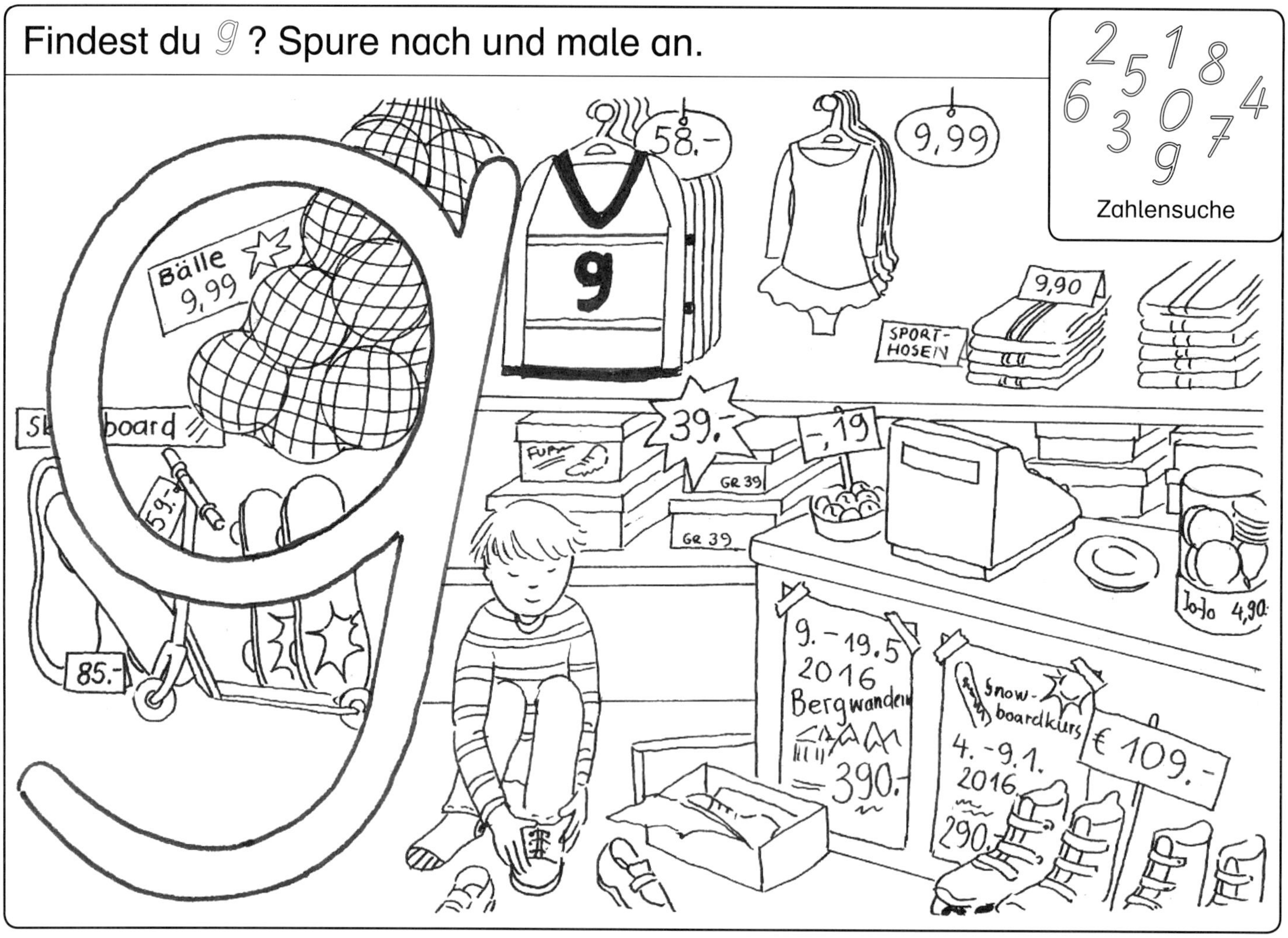

Findest du 0 ? Spure nach und male an.

Kistler/Schneider: Rechnen ohne Stolperstein, Band 1A. Illustrationen: Kristina Klotz

An mir gibt's was zu zählen! Verbinde.

Zahlensuche

1 2 3

1 2 3

1 2 3

Verbinde!

1 2 3 4 5 6 7 8 9 10

1 2 3 4 5 6 7 8 9 10

1 2 3 4 5 6 7 8 9 10

© 2019 Cornelsen Verlag GmbH, Berlin. Alle Rechte vorbehalten. Die Vervielfältigung dieser Seite ist für den eigenen Unterrichtsgebrauch gestattet. Für inhaltliche Veränderungen durch Dritte übernimmt der Verlag keine Verantwortung.

Meine Zahlen! Schreibe und male.

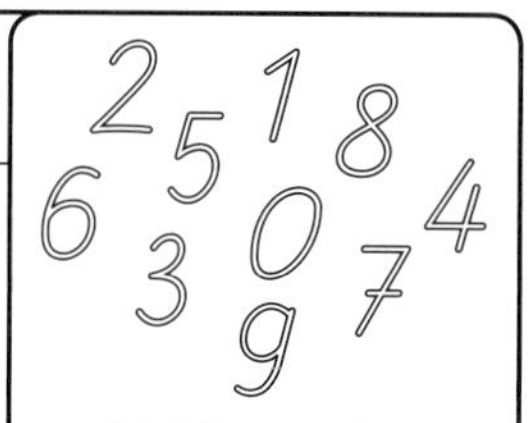

Zahlensuche

Ich bin ☐ Jahre alt.

Ich bin ☐ cm groß.

Meine Schuhgröße ist: ☐

Mir sind schon ☐ Zähne ausgefallen.

Zahlen bei uns zu Hause! Schreibe und male.

Wir wohnen in Haus Nummer: ☐

Bei uns wohnen ☐ Tiere und ☐ Menschen.

Unser Auto hat die Nummer: ☐

Unsere Telefon-nummer ist: ☐

Kistler / Schneider: Rechnen ohne Stolperstein, Band 1A. Illustrationen: Kristina Klotz

Verbinde immer 1 zu 1!

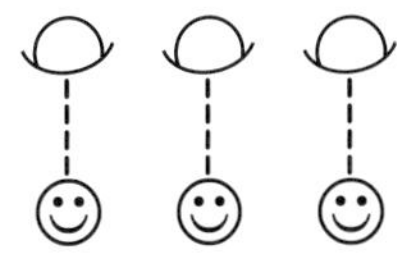

1:1-Zuordnung

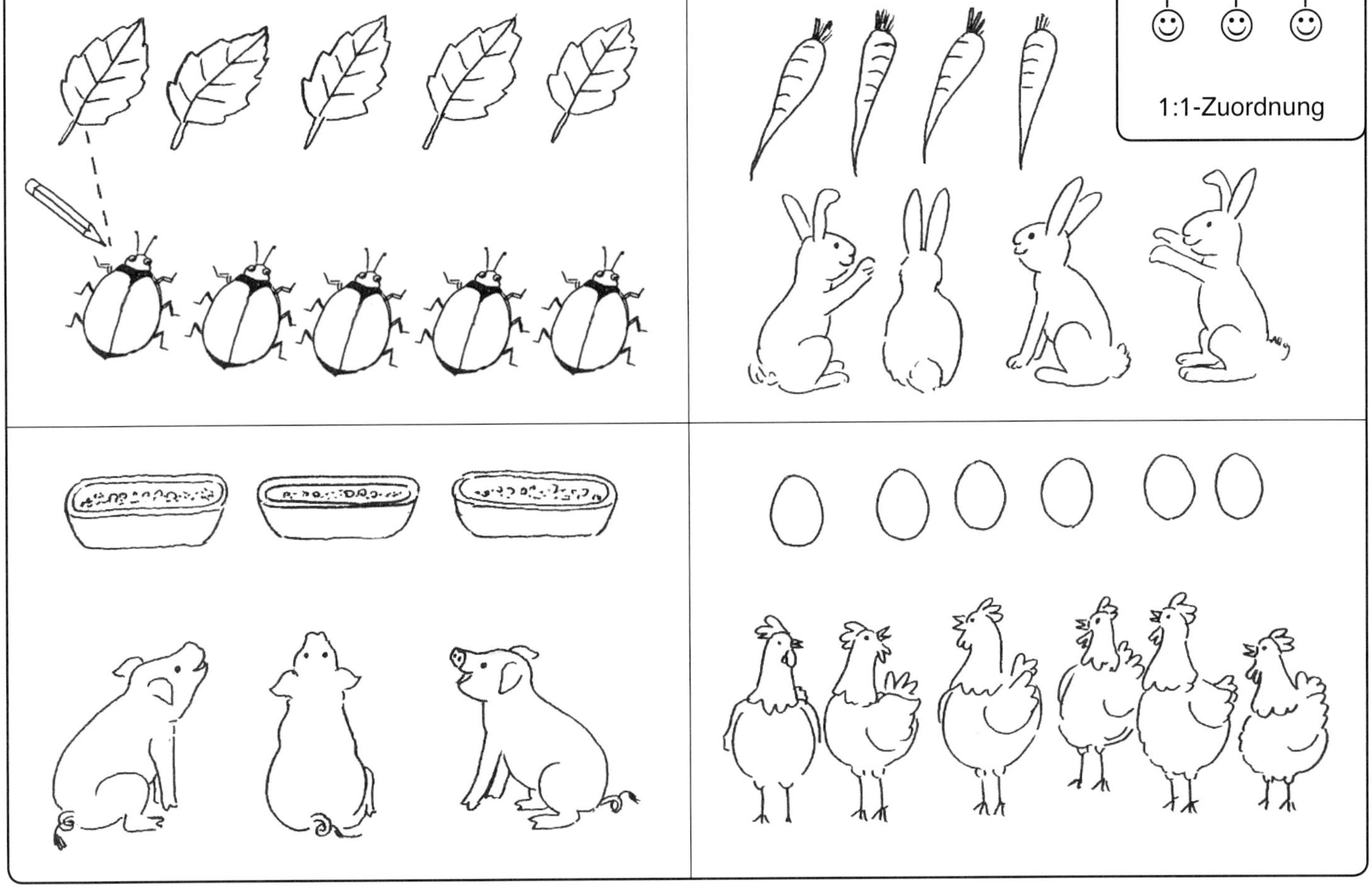

Verbinde immer 1 zu 1!

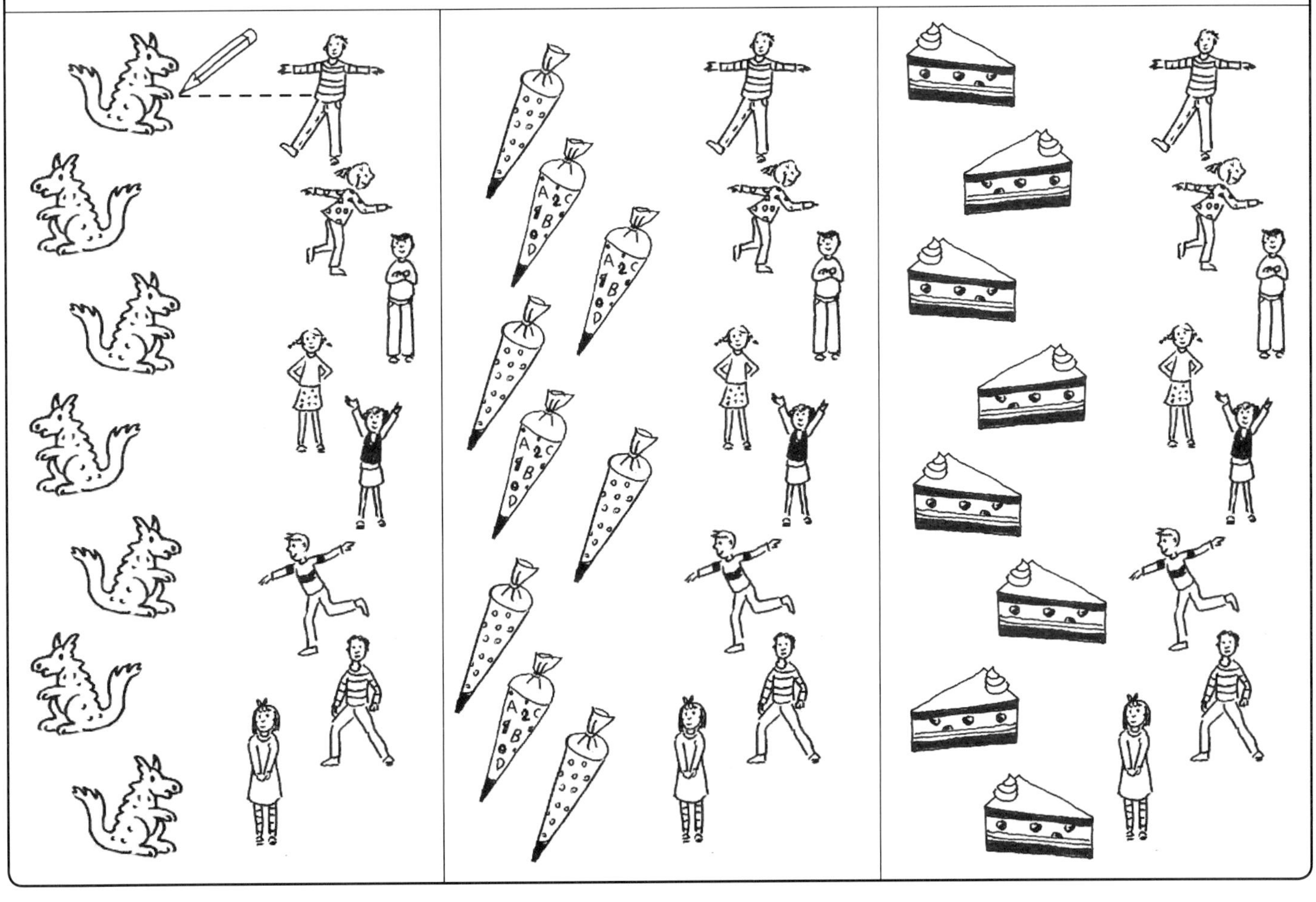

© 2019 Cornelsen Verlag GmbH, Berlin. Alle Rechte vorbehalten. Die Vervielfältigung dieser Seite ist für den eigenen Unterrichtsgebrauch gestattet. Für inhaltliche Veränderungen durch Dritte übernimmt der Verlag keine Verantwortung.

Ich bin einmalig! Male.

1 ▢
Mengenbildung

Wo spielt nur 1 Kind? Male aus!

Kistler/Schneider: Rechnen ohne Stolperstein, Band 1A. Illustrationen: Kristina Klotz

1 Mengenbildung

Male in jede Pausendose 1 Ding zum Essen!

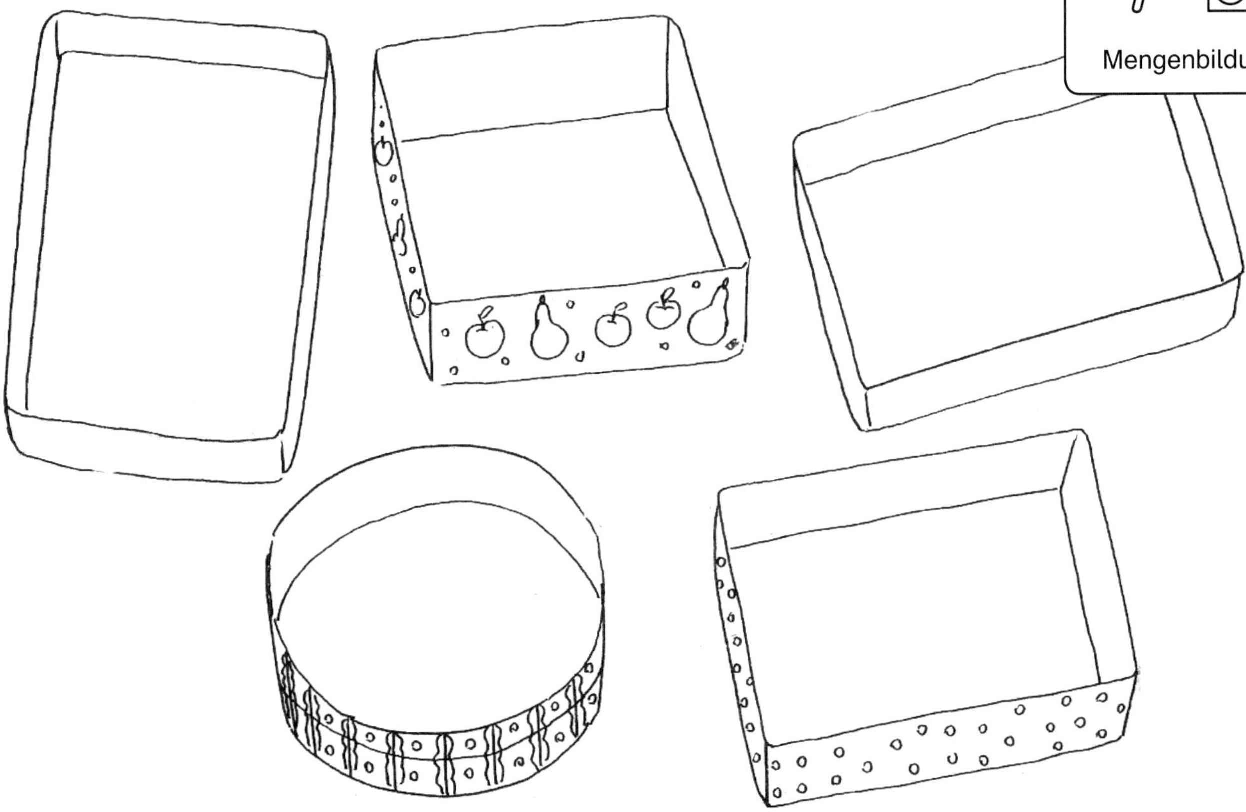

Male alle 1er-Plättchen an!

© 2019 Cornelsen Verlag GmbH, Berlin. Alle Rechte vorbehalten. Die Vervielfältigung dieser Seite ist für den eigenen Unterrichtsgebrauch gestattet. Für inhaltliche Veränderungen durch Dritte übernimmt der Verlag keine Verantwortung.

Spure nach und schreibe!

1 Ziffer schreiben

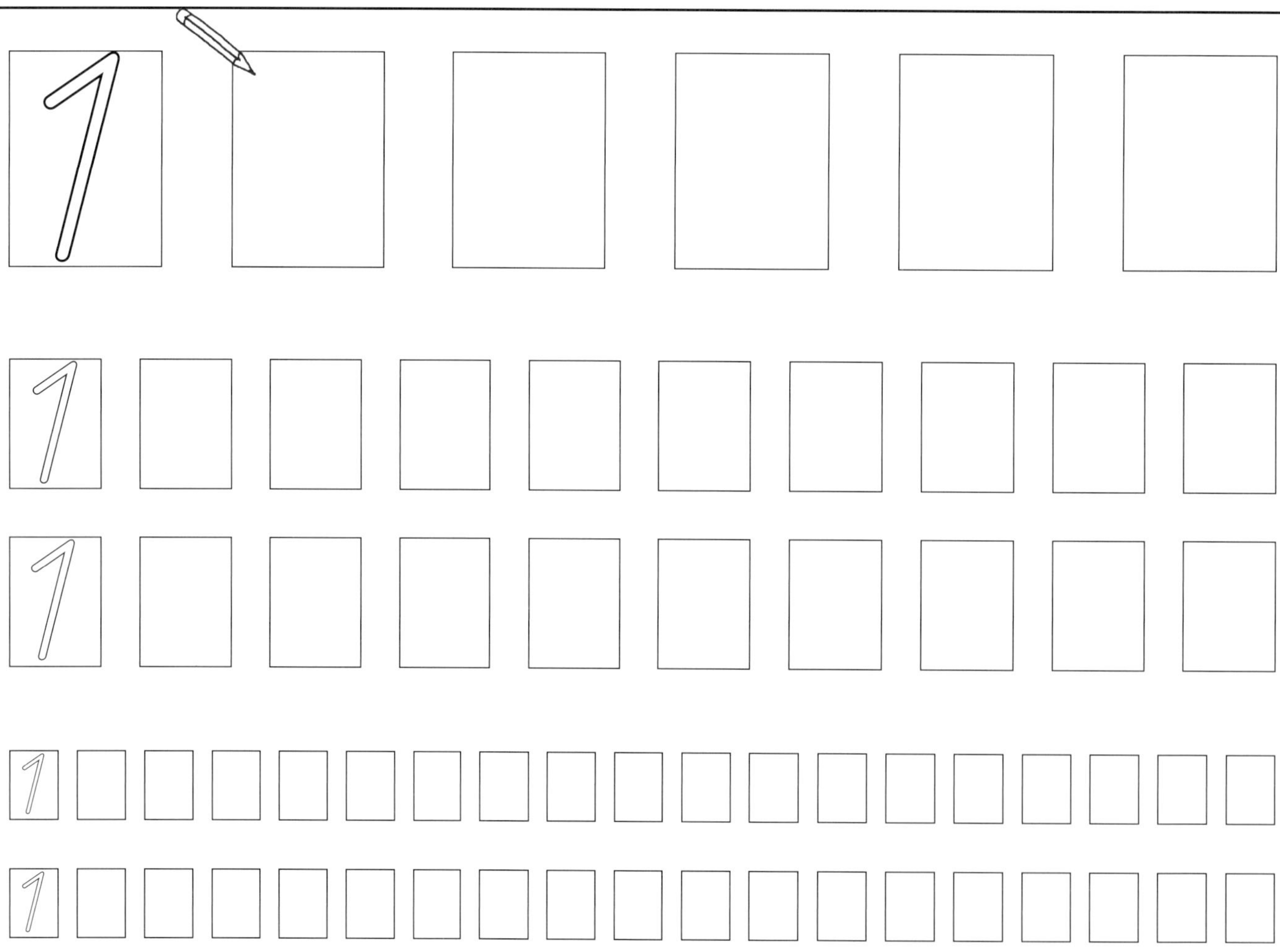

Kistler/Schneider: Rechnen ohne Stolperstein, Band 1A. Illustrationen: Kristina Klotz

Wo siehst du 1 Kind? Schreibe.

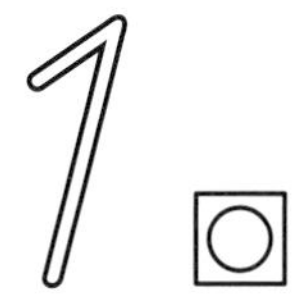

Ziffer schreiben

Wo siehst du 1 Ding? Schreibe.

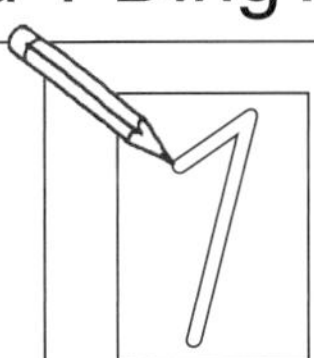

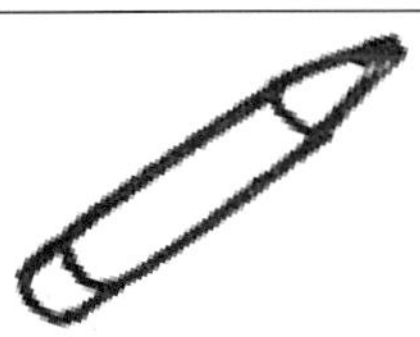

© 2019 Cornelsen Verlag GmbH, Berlin. Alle Rechte vorbehalten. Die Vervielfältigung dieser Seite ist für den eigenen Unterrichtsgebrauch gestattet. Für inhaltliche Veränderungen durch Dritte übernimmt der Verlag keine Verantwortung.

2 ○○

Mengenbildung

Ich habe 2 Füße: Male an!

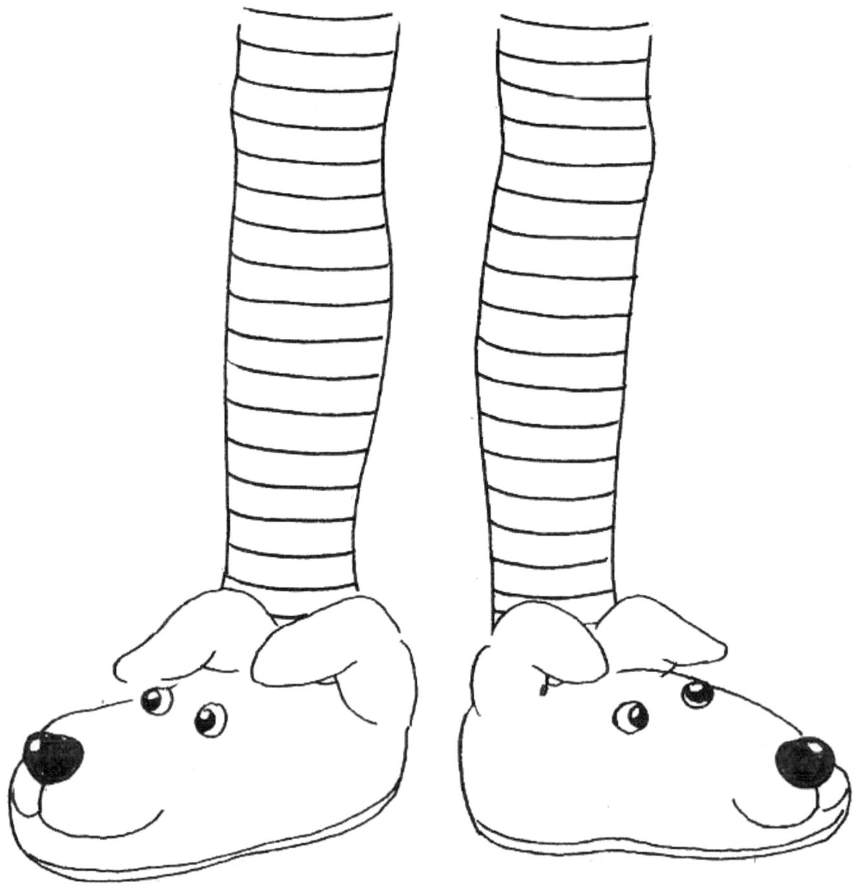

Male nur Schachteln mit 2 Schuhen aus!

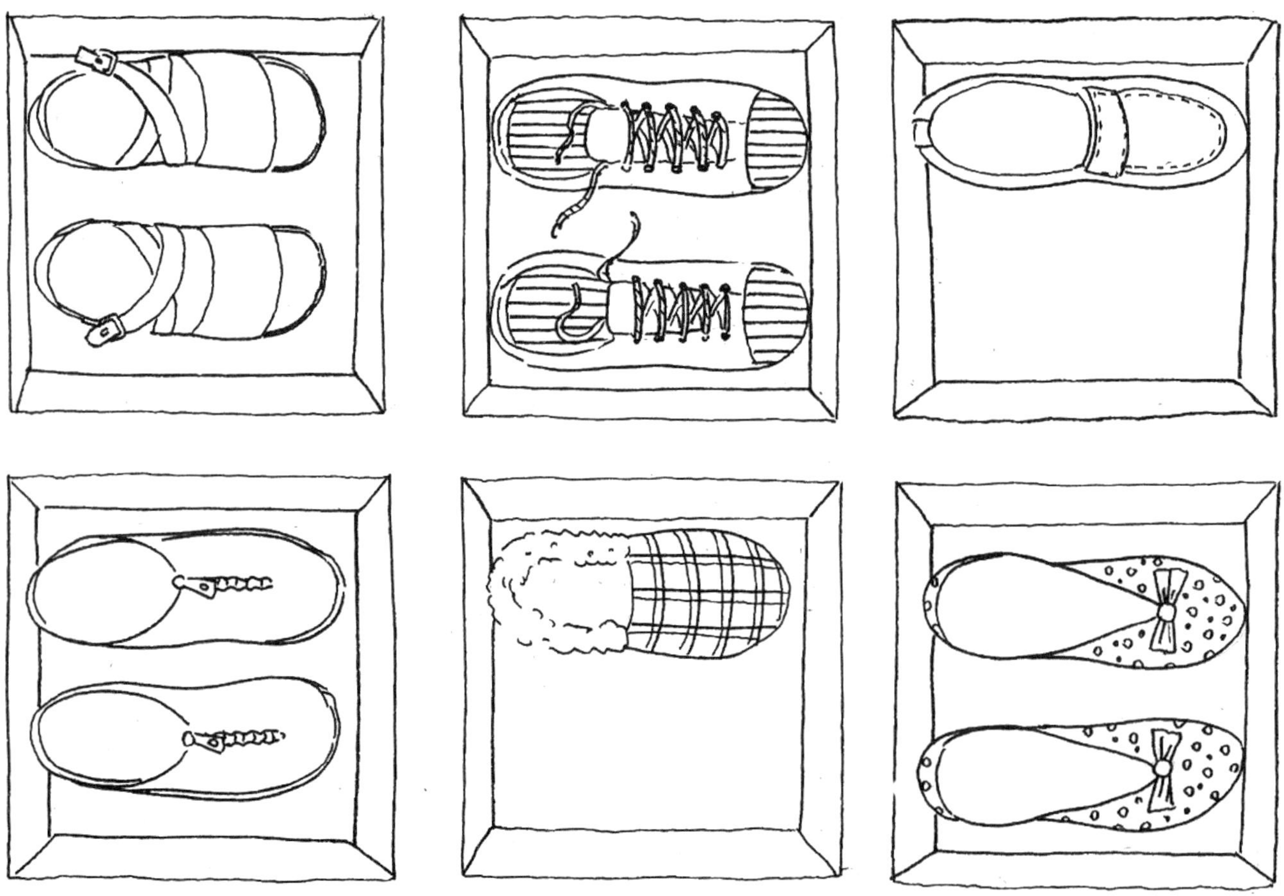

Kistler / Schneider: Rechnen ohne Stolperstein, Band 1A. Illustrationen: Kristina Klotz

Male immer 2 Schuhe gleich an!

2

Mengenbildung

Male in jede Schachtel 2 Schuhe!

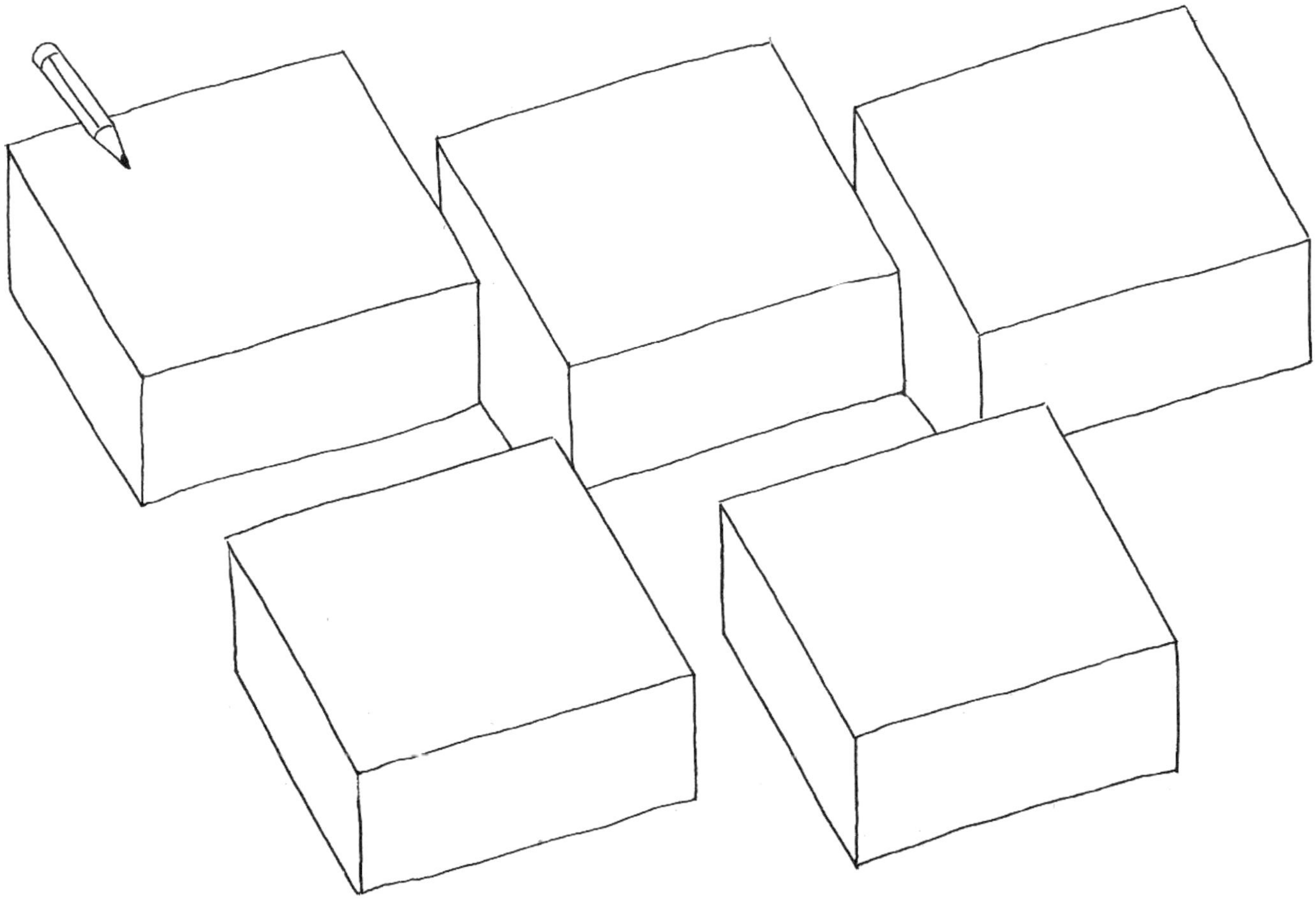

© 2019 Cornelsen Verlag GmbH, Berlin. Alle Rechte vorbehalten. Die Vervielfältigung dieser Seite ist für den eigenen Unterrichtsgebrauch gestattet. Für inhaltliche Veränderungen durch Dritte übernimmt der Verlag keine Verantwortung.

2

Mengenbildung

Male alle 2er-Plättchen an!

Kreise immer 2 Punkte ein!

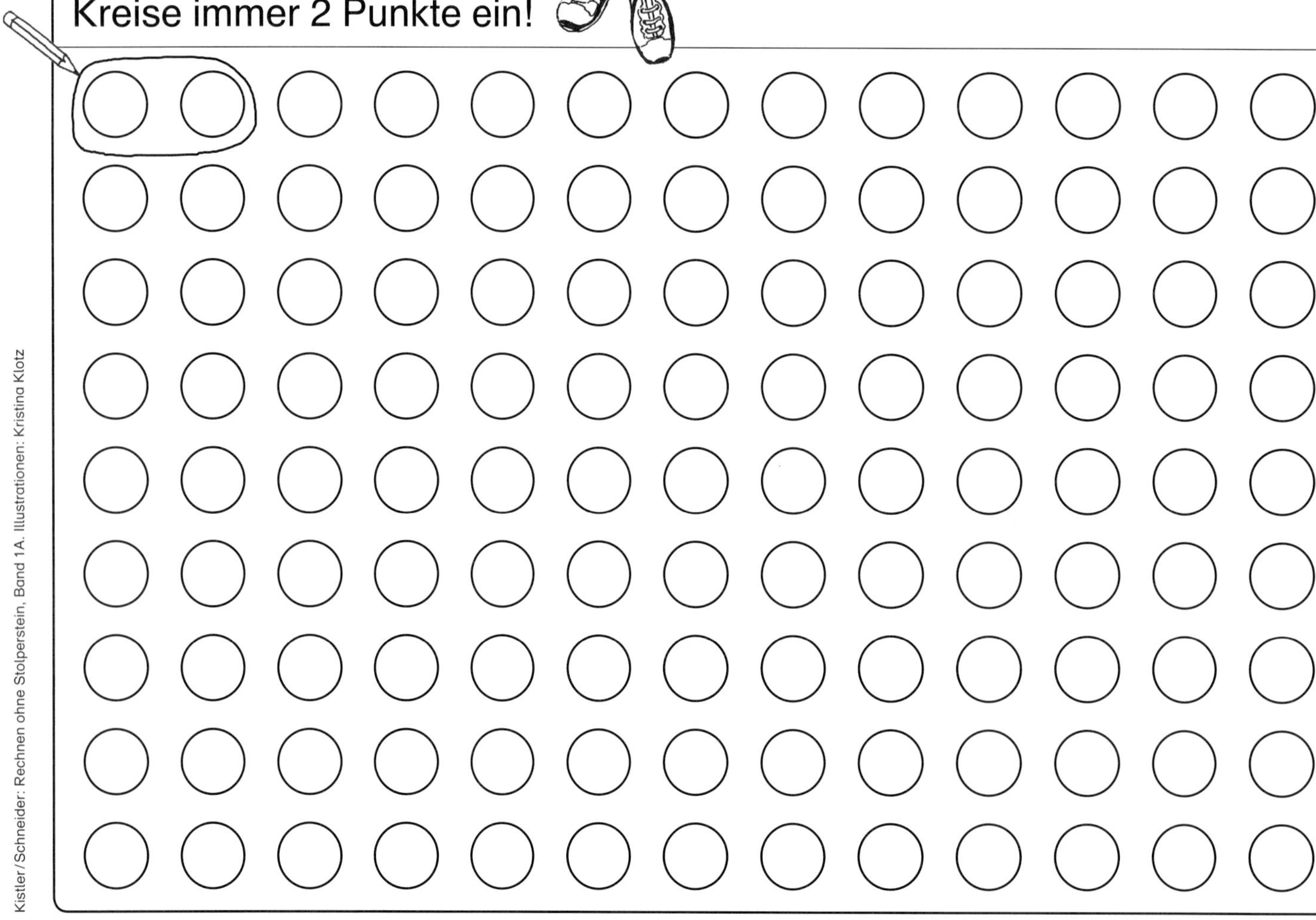

Kistler/Schneider: Rechnen ohne Stolperstein, Band 1A. Illustrationen: Kristina Klotz

Immer 2 in der gleichen Farbe! Male.

2 Mengenbildung

Male 1 oder 2 Dinge!

2	1
1	2
2	2

© 2019 Cornelsen Verlag GmbH, Berlin. Alle Rechte vorbehalten. Die Vervielfältigung dieser Seite ist für den eigenen Unterrichtsgebrauch gestattet. Für inhaltliche Veränderungen durch Dritte übernimmt der Verlag keine Verantwortung.

Spure nach und schreibe!

Ziffer schreiben

Kistler/Schneider: Rechnen ohne Stolperstein, Band 1A. Illustrationen: Kristina Klotz

2

Ziffer schreiben

Spure die richtige Zahl nach!

1 2

1 2

1 2

1 2

Schreibe die richtige Zahl dazu!

1

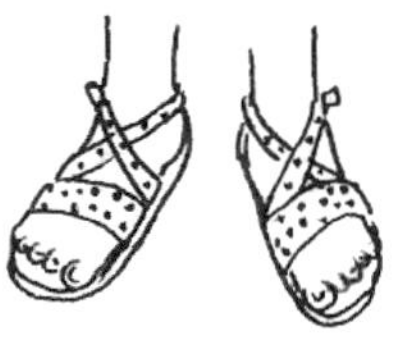

© 2019 Cornelsen Verlag GmbH, Berlin. Alle Rechte vorbehalten. Die Vervielfältigung dieser Seite ist für den eigenen Unterrichtsgebrauch gestattet. Für inhaltliche Veränderungen durch Dritte übernimmt der Verlag keine Verantwortung.

Gleich viele ⊜ oder nicht gleich viele (≠) ?

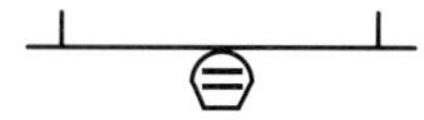

Mengenvergleich

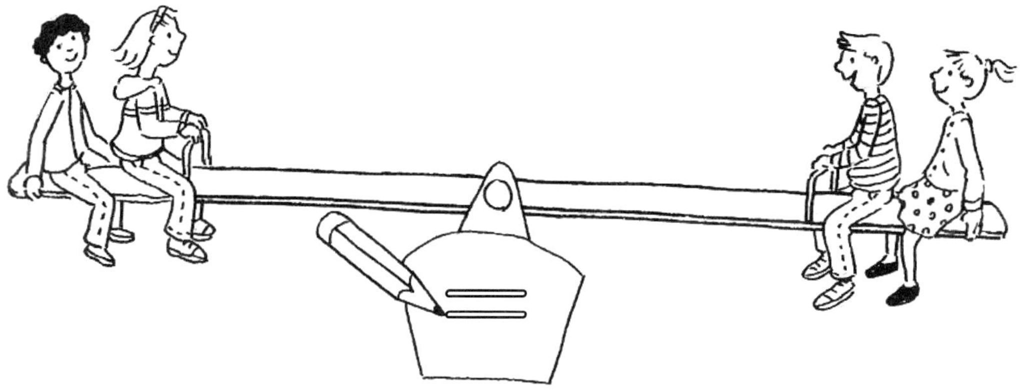

Trage ein: Gleich viele ⊜ oder nicht gleich viele (≠) ?

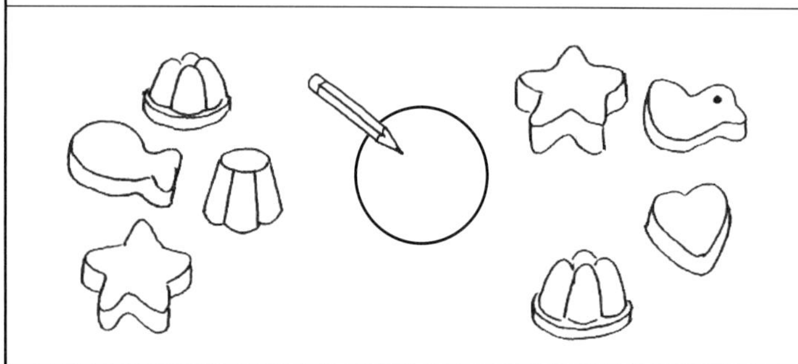

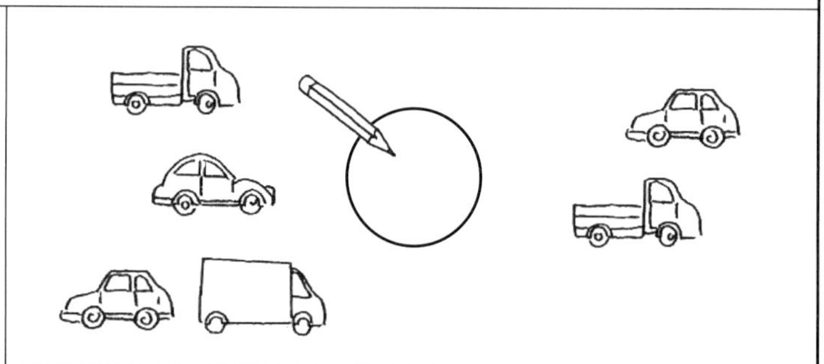

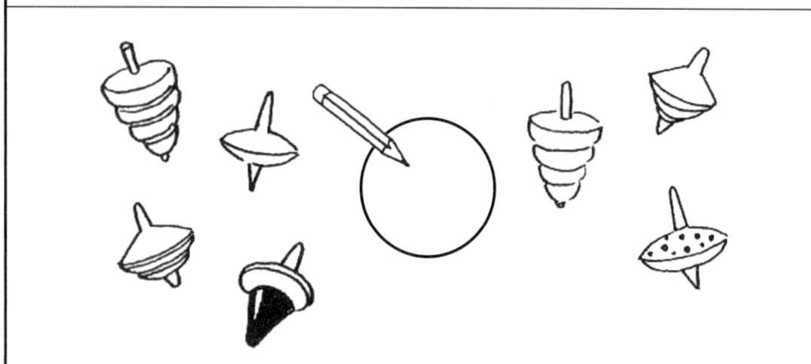

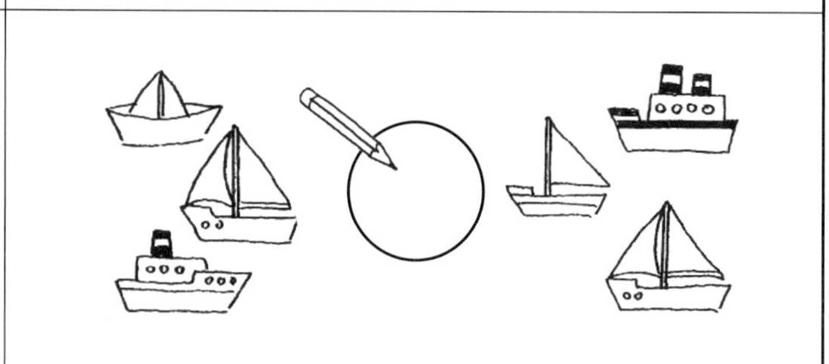

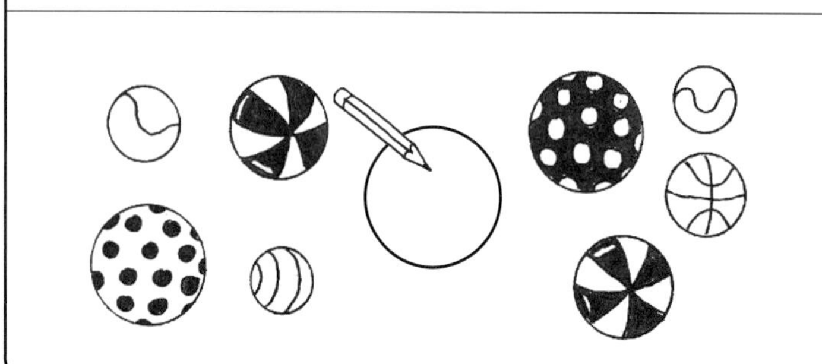

Kistler/Schneider: Rechnen ohne Stolperstein, Band 1A. Illustrationen: Kristina Klotz

Immer noch gleich viele ⊜ oder nicht gleich viele ≠ ?

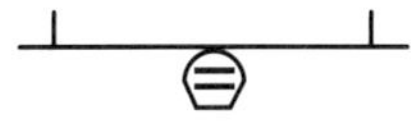
Mengenvergleich*

Gleich viel ⊜ oder nicht gleich viel ≠ ?

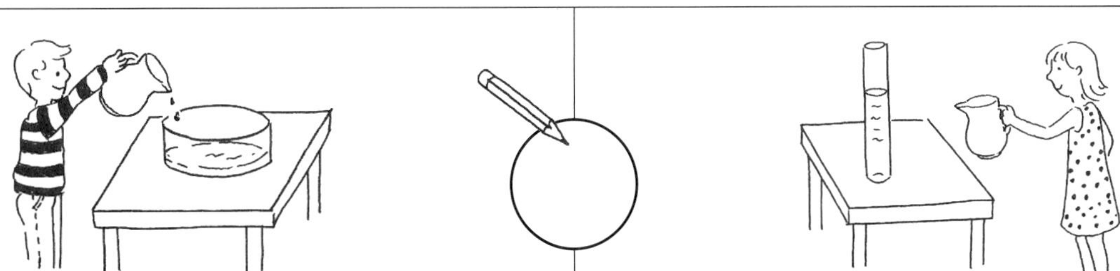

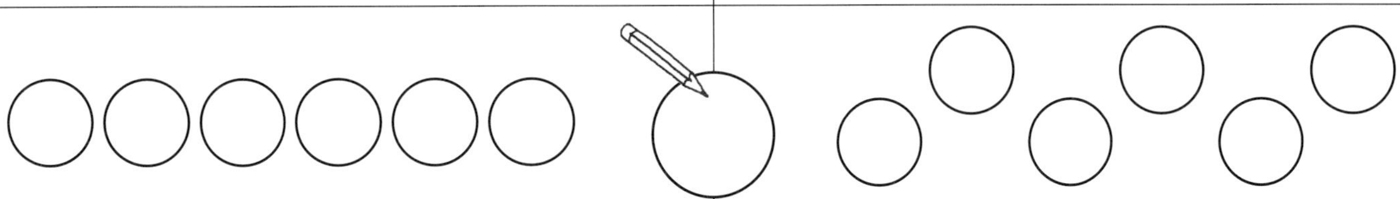

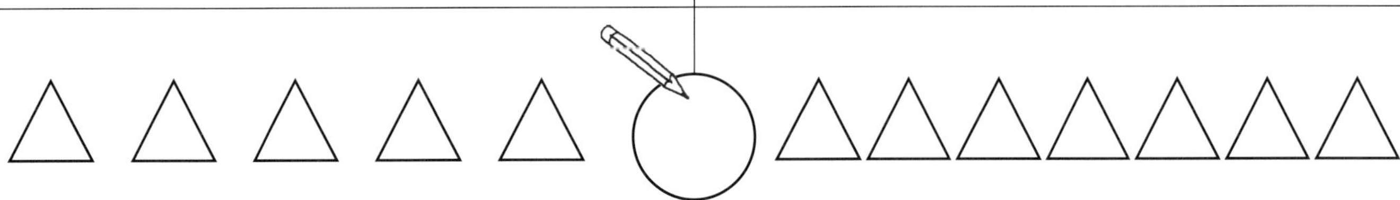

* Invarianz

© 2019 Cornelsen Verlag GmbH, Berlin. Alle Rechte vorbehalten. Die Vervielfältigung dieser Seite ist für den eigenen Unterrichtsgebrauch gestattet. Für inhaltliche Veränderungen durch Dritte übernimmt der Verlag keine Verantwortung.

Mehr oder weniger?

Mengenvergleich*

Trage ein: Mehr oder weniger?

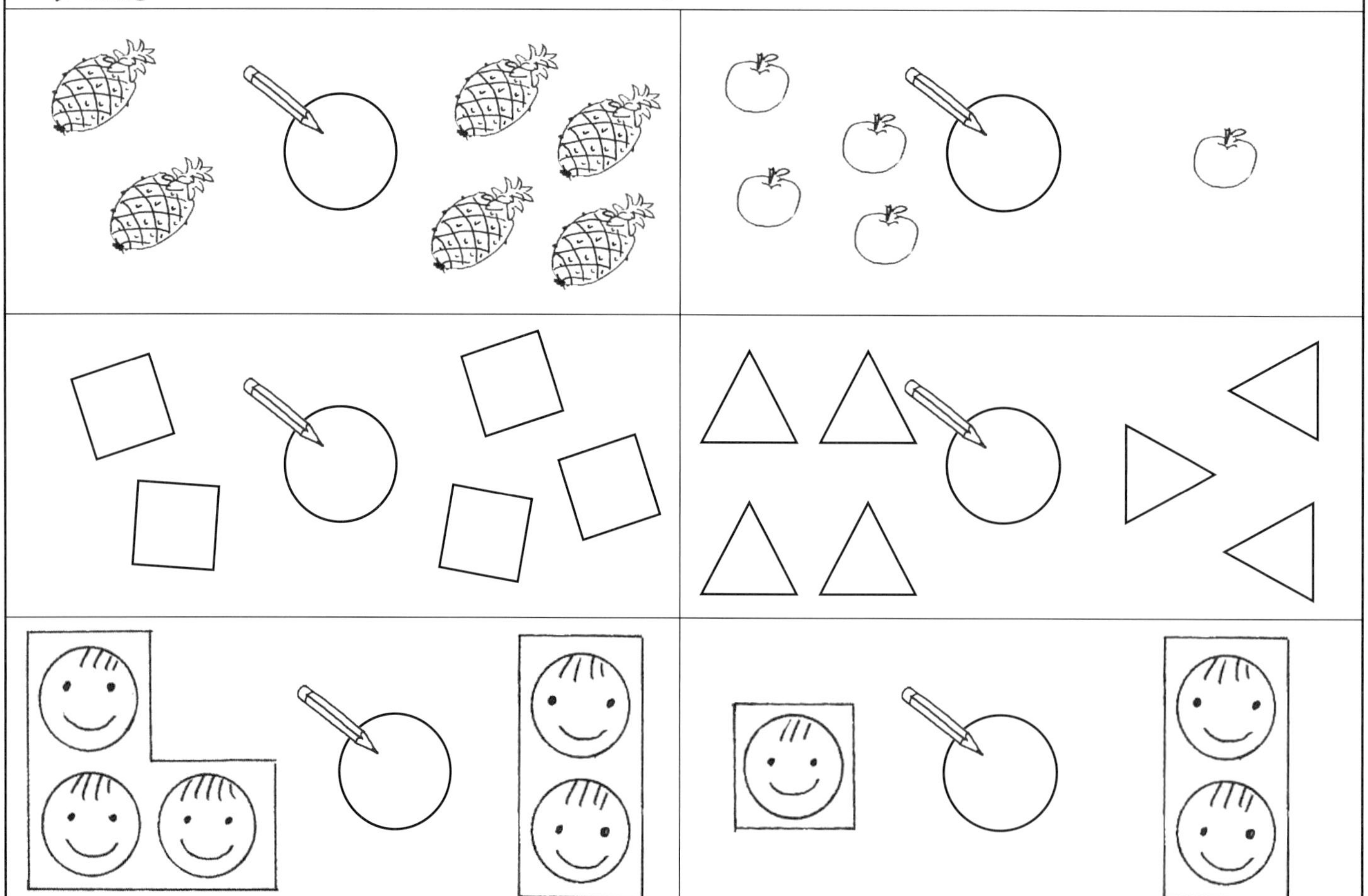

* mögliche Schreibhilfe: Die kleinere Seite mit einem Punkt markieren. Davon ausgehend die Striche hinzufügen.

Kistler/Schneider: Rechnen ohne Stolperstein, Band 1A. Illustrationen: Kristina Klotz

Mehr, weniger oder gleich viele?

Mengenvergleich

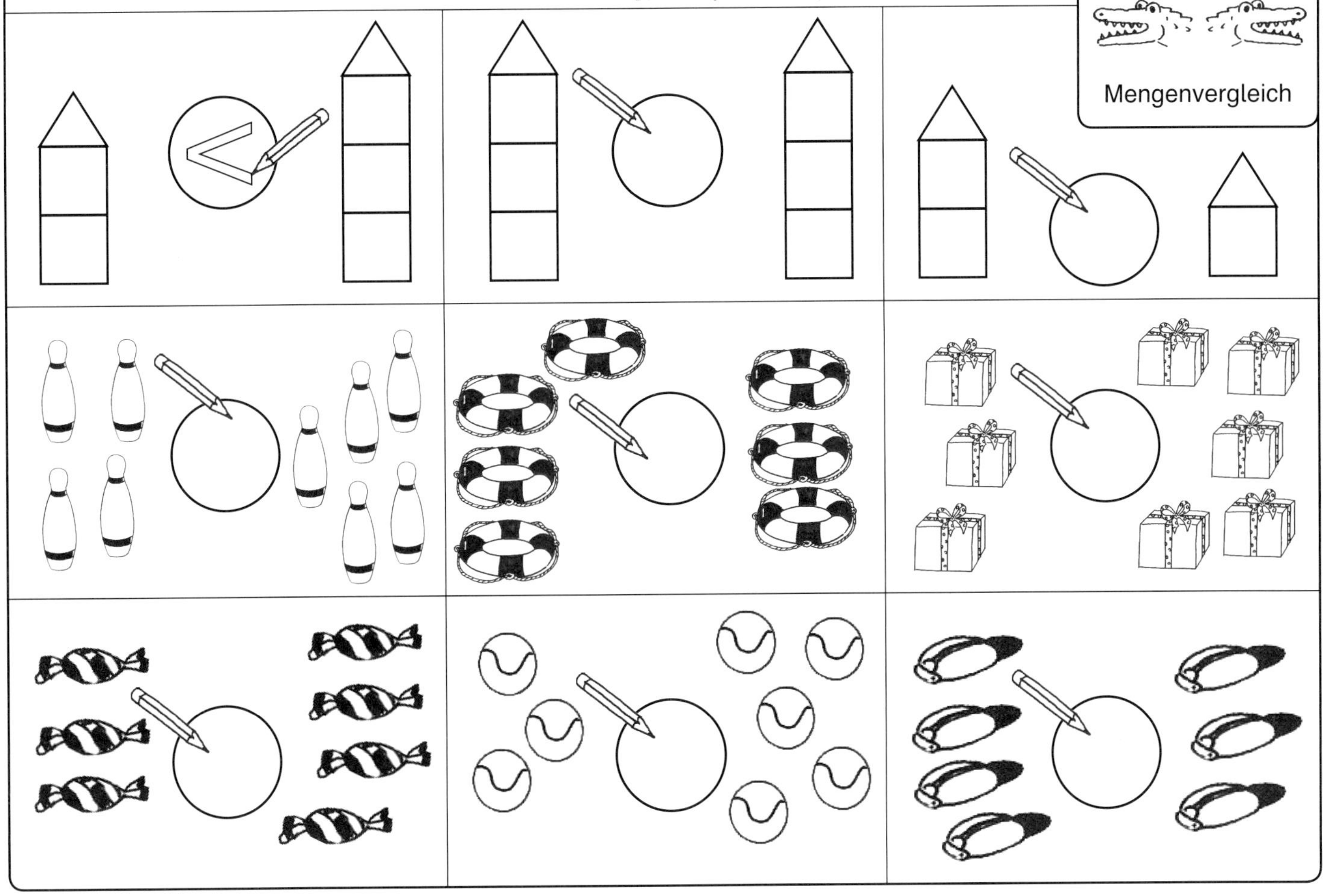

Mehr, weniger oder gleich viele?

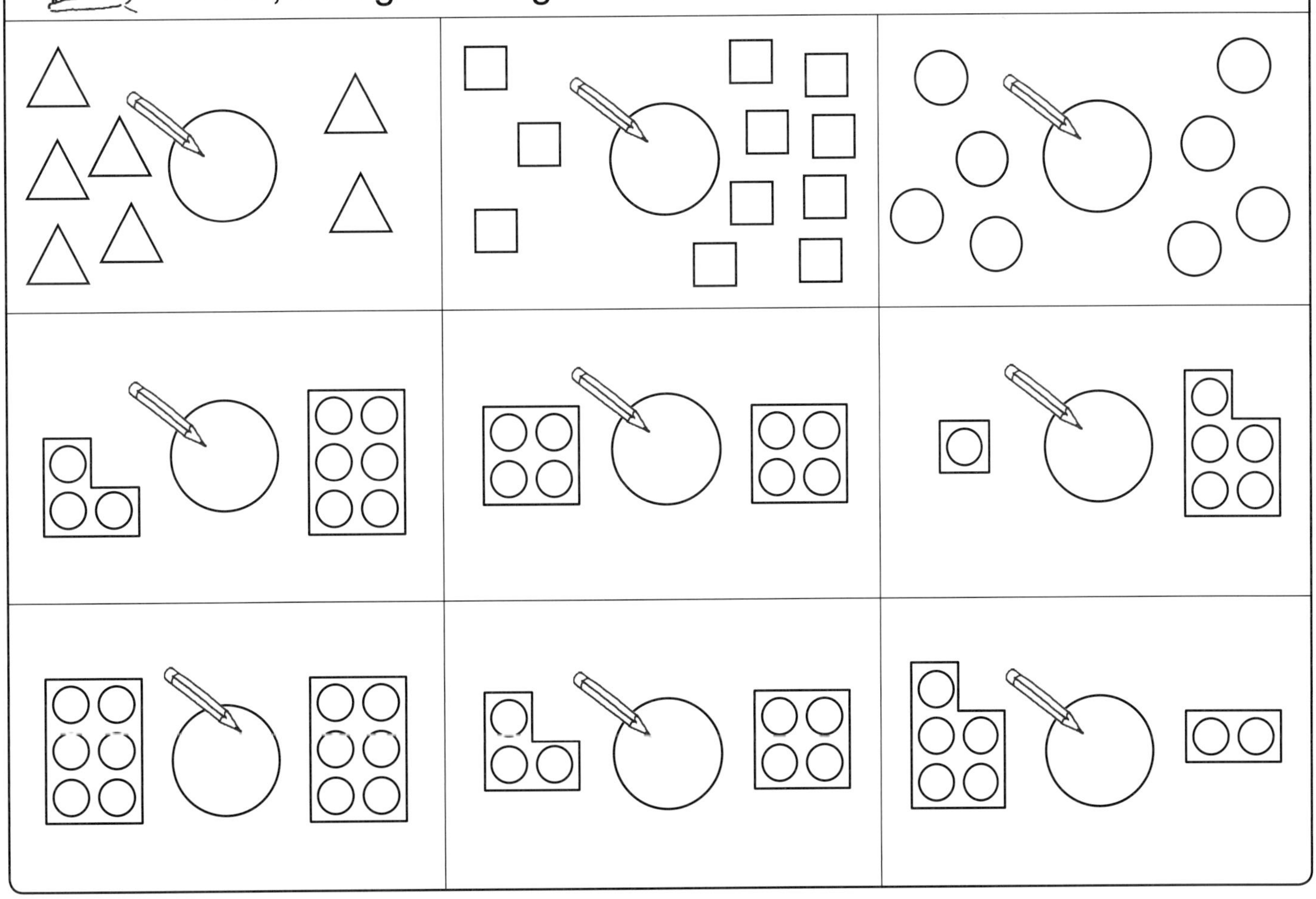

© 2019 Cornelsen Verlag GmbH, Berlin. Alle Rechte vorbehalten. Die Vervielfältigung dieser Seite ist für den eigenen Unterrichtsgebrauch gestattet. Für inhaltliche Veränderungen durch Dritte übernimmt der Verlag keine Verantwortung.

⊕ Fee oder Räuber ⊖ ?

+/–

⊕/⊖-Situationen

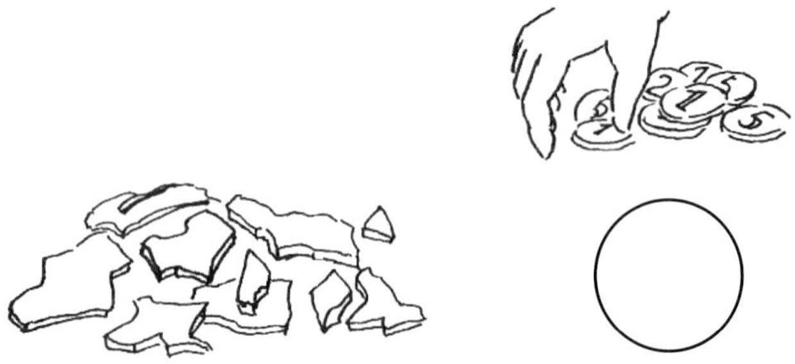

⊕ oder ⊖ ?

Kistler/Schneider: Rechnen ohne Stolperstein, Band 1A. Illustrationen: Kristina Klotz

Das Dreirad hat 3 Räder! Male sie an.

3

Mengenbildung

Male nur die Dreiräder aus!

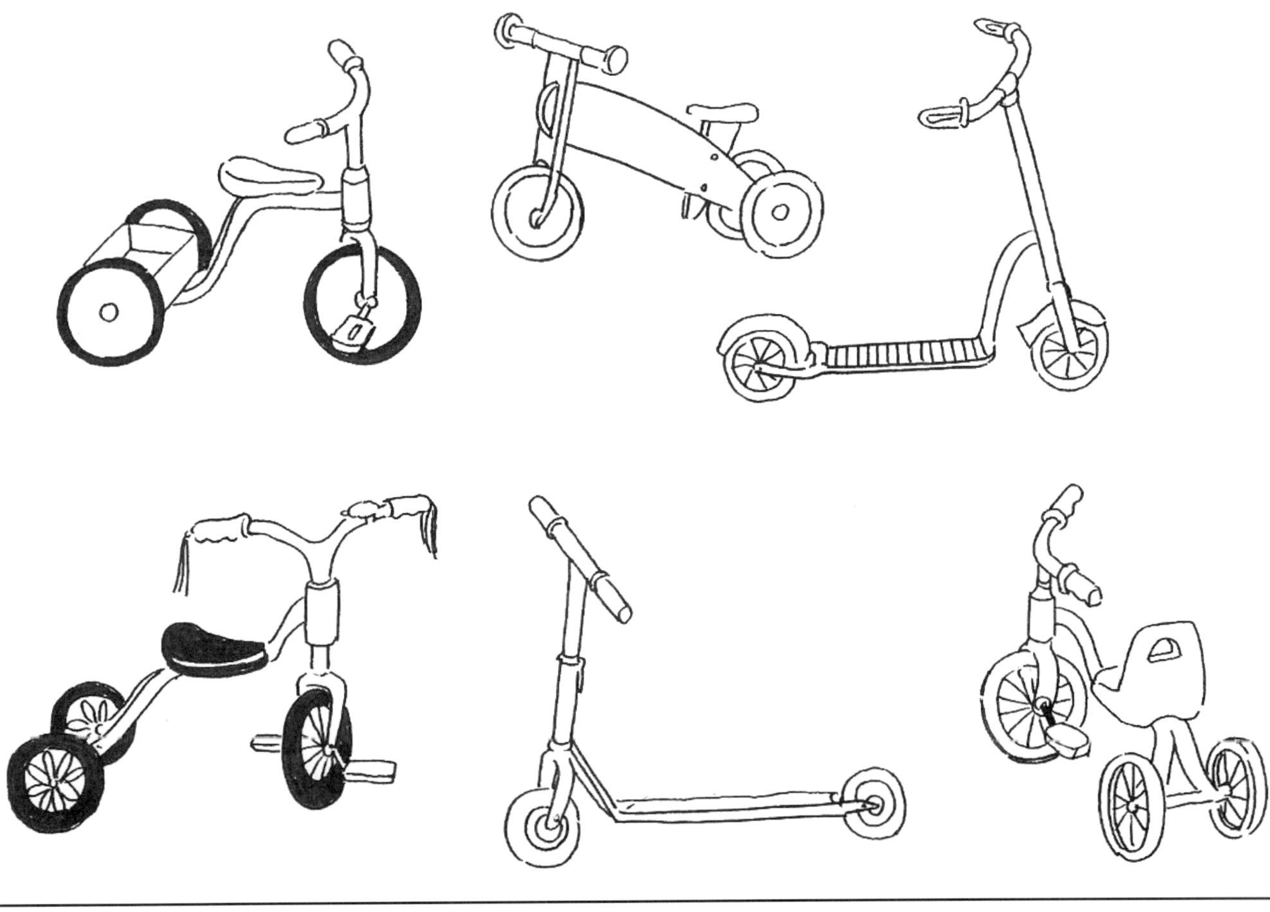

© 2019 Cornelsen Verlag GmbH, Berlin. Alle Rechte vorbehalten. Die Vervielfältigung dieser Seite ist für den eigenen Unterrichtsgebrauch gestattet. Für inhaltliche Veränderungen durch Dritte übernimmt der Verlag keine Verantwortung.

Das Dreirad braucht 3 Räder! Kreise immer 3 Räder ein.

3

Mengenbildung

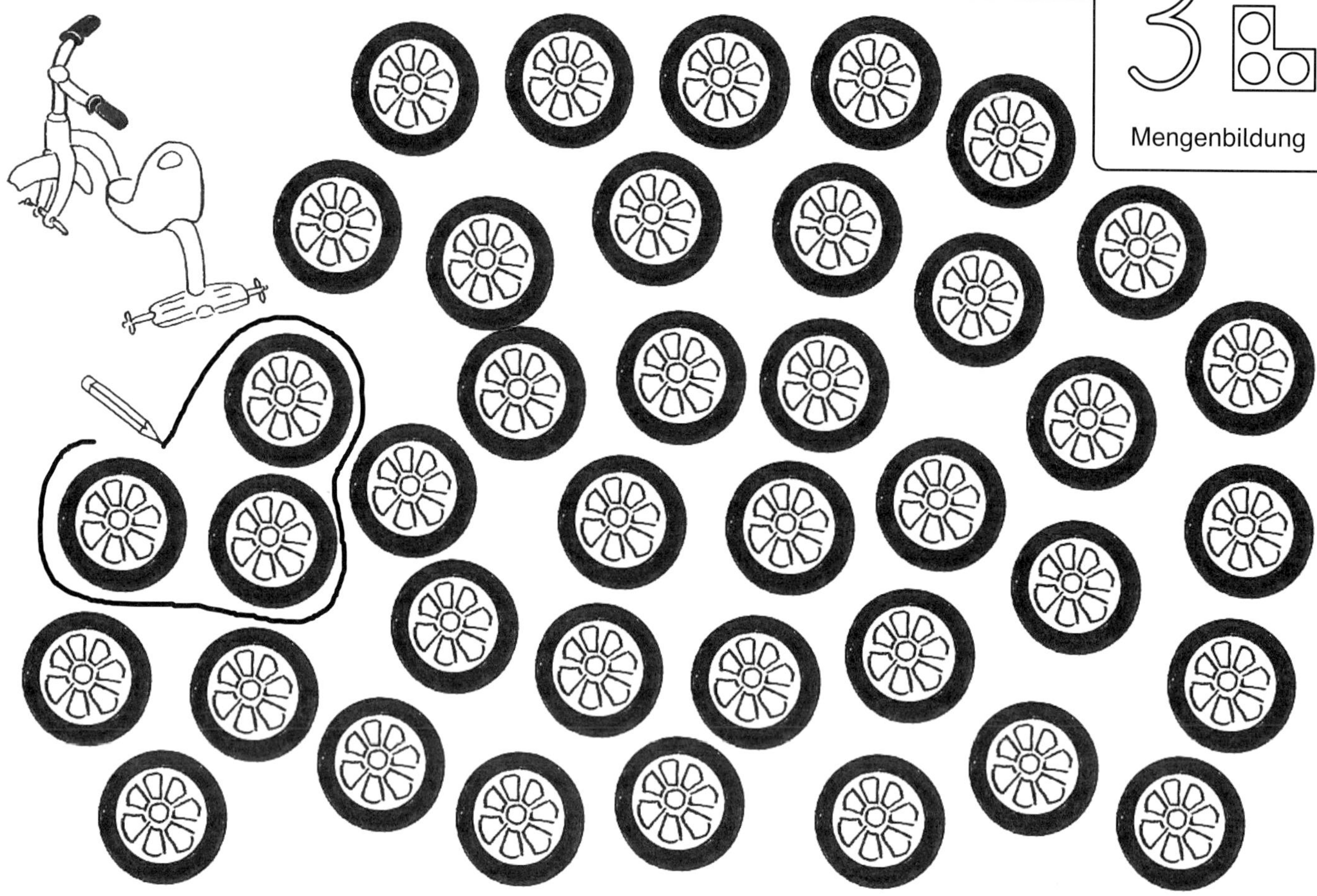

Male die Räder dazu!

Kistler / Schneider: Rechnen ohne Stolperstein, Band 1A. Illustrationen: Kristina Klotz

Mengenbildung

Male alle 3er-Plättchen an!

Kreise immer 3 Punkte ein!

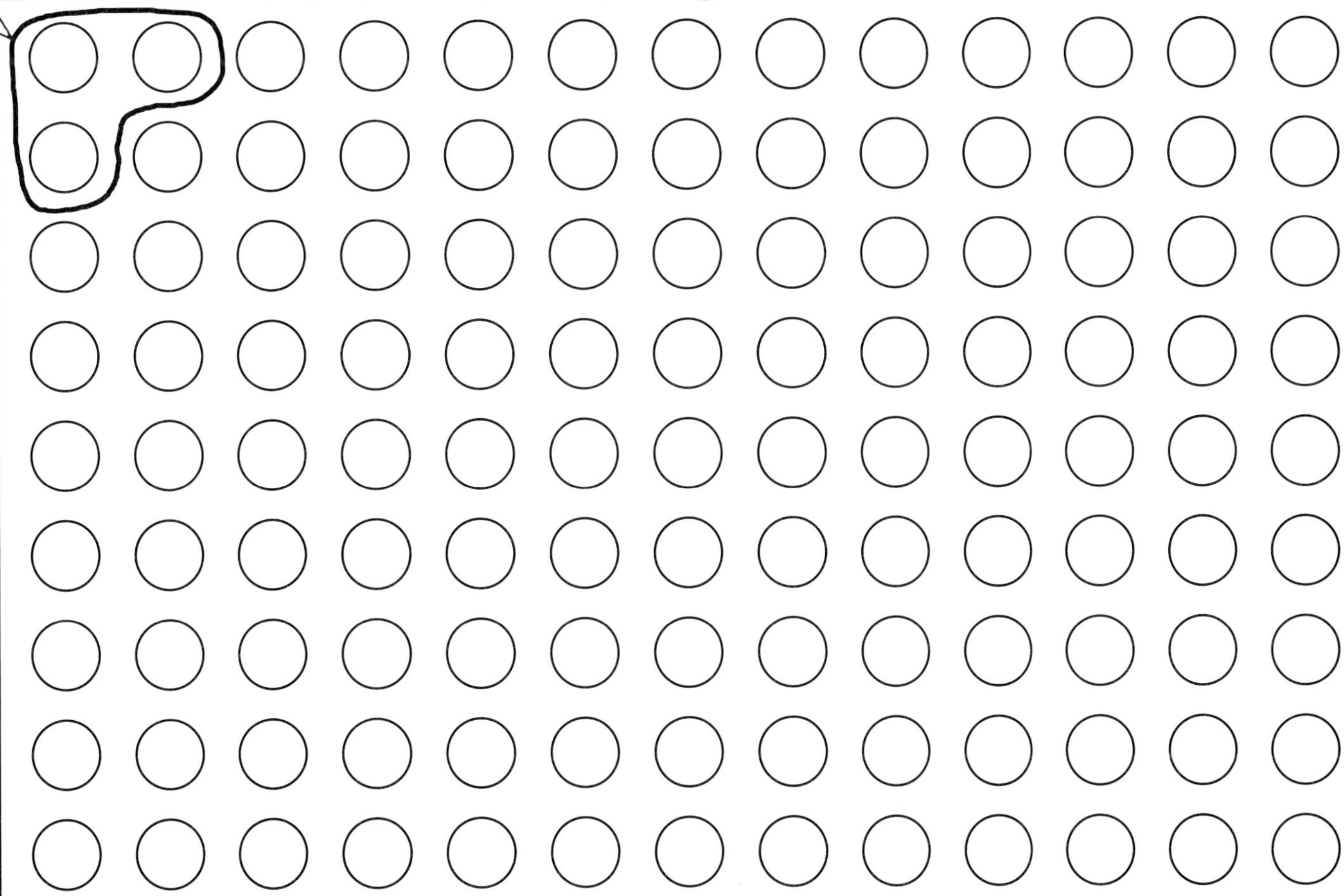

© 2019 Cornelsen Verlag GmbH, Berlin. Alle Rechte vorbehalten. Die Vervielfältigung dieser Seite ist für den eigenen Unterrichtsgebrauch gestattet. Für inhaltliche Veränderungen durch Dritte übernimmt der Verlag keine Verantwortung.

Spure nach und schreibe!

3

Ziffer schreiben

3

3

3

3

3

Kistler/Schneider: Rechnen ohne Stolperstein, Band 1A. Illustrationen: Kristina Klotz

3 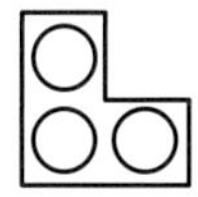

Ziffer schreiben

Spure die richtige Zahl nach!

1 2 3

1 2 3

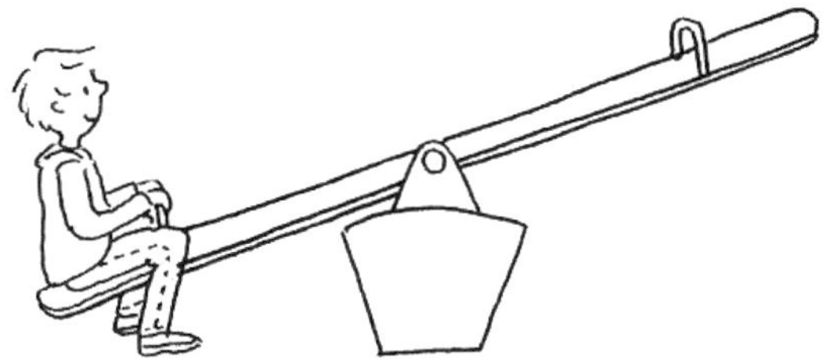

1 2 3

1 2 3

Schreibe die richtige Zahl dazu!

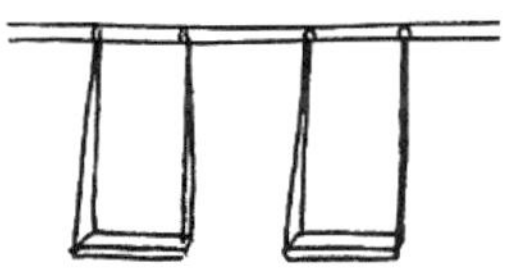	2							

© 2019 Cornelsen Verlag GmbH, Berlin. Alle Rechte vorbehalten. Die Vervielfältigung dieser Seite ist für den eigenen Unterrichtsgebrauch gestattet. Für inhaltliche Veränderungen durch Dritte übernimmt der Verlag keine Verantwortung.

3 Orientierung

Male so, wie das 3er-Plättchen aussieht!

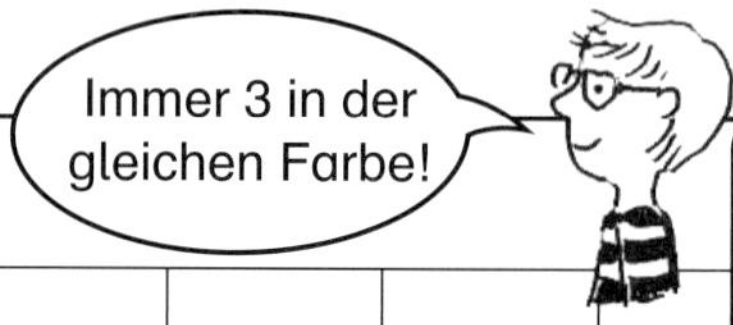

Male passende Spielsachen!

1 

3

3

2

3

3

Kistler / Schneider: Rechnen ohne Stolperstein, Band 1A. Illustrationen: Kristina Klotz

3

Orientierung

Male die Punkte in der Reihenfolge!

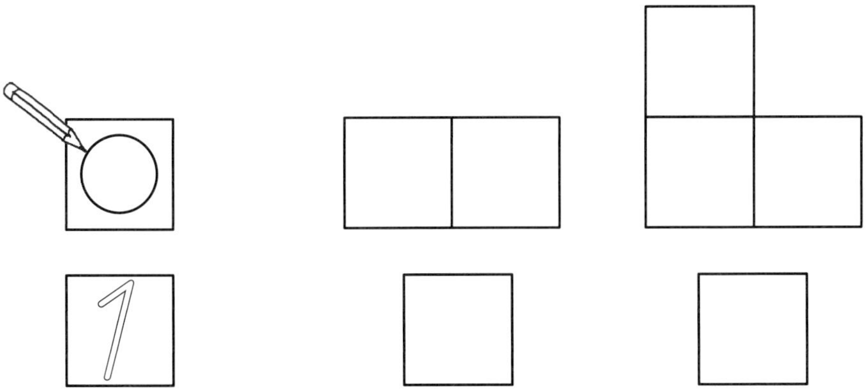

Verbinde richtig!

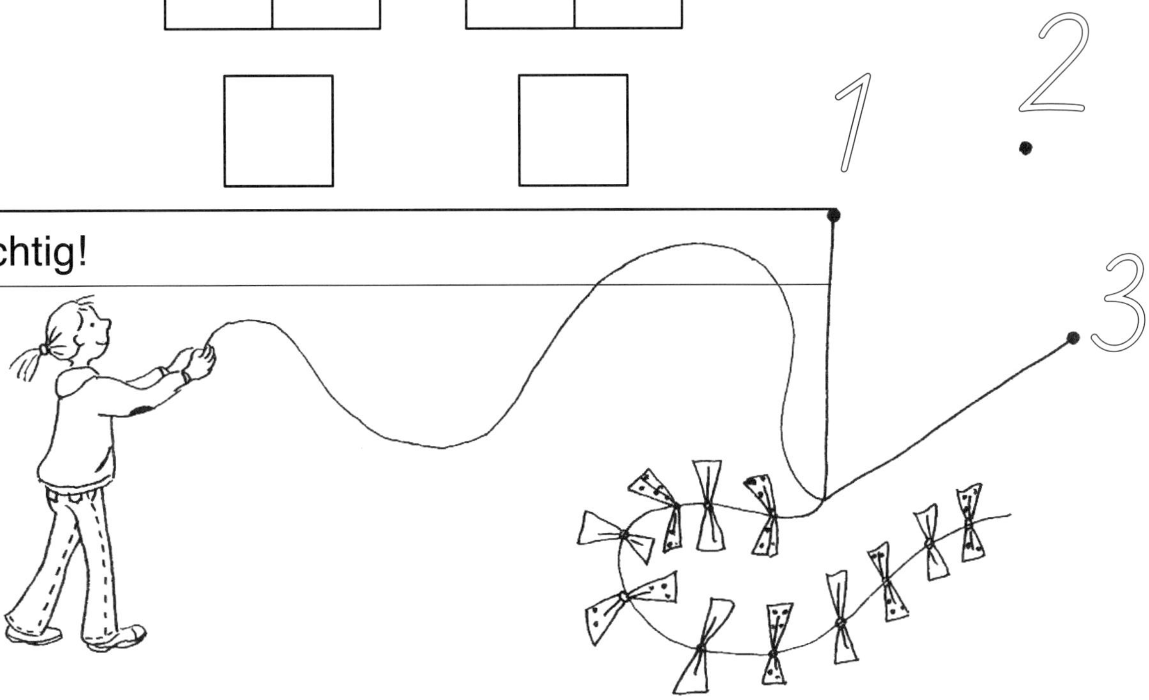

Du kennst dich bis 3 gut aus! Schreibe die fehlenden Zahlen dazu.

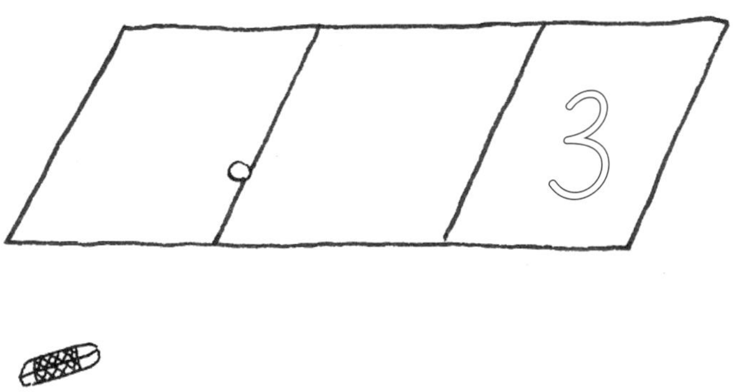

© 2019 Cornelsen Verlag GmbH, Berlin. Alle Rechte vorbehalten. Die Vervielfältigung dieser Seite ist für den eigenen Unterrichtsgebrauch gestattet. Für inhaltliche Veränderungen durch Dritte übernimmt der Verlag keine Verantwortung.

Wir vergleichen!

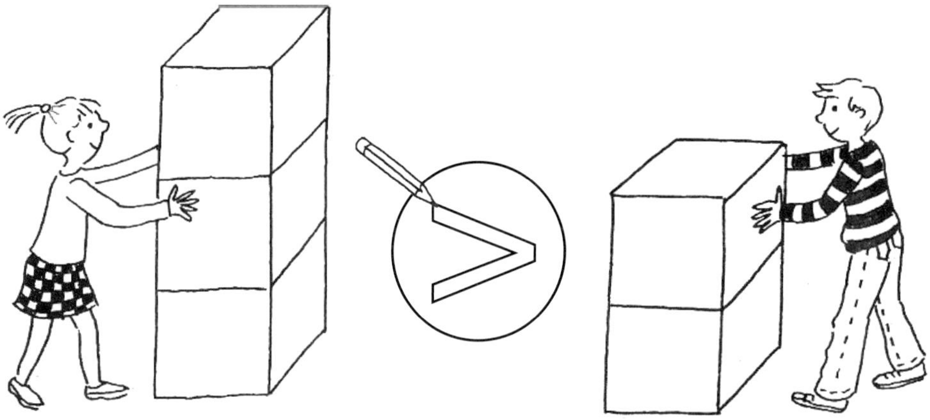

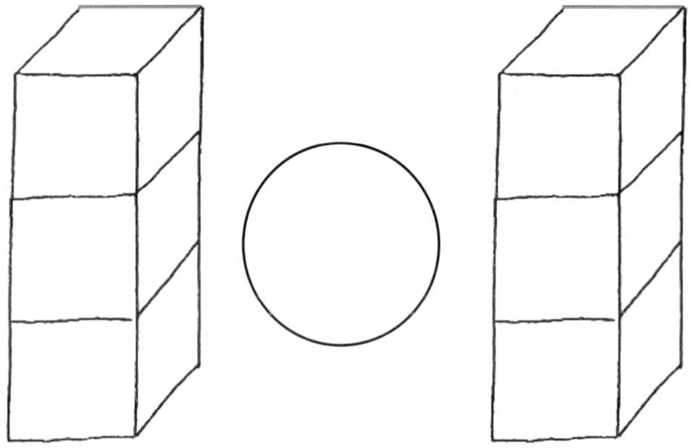

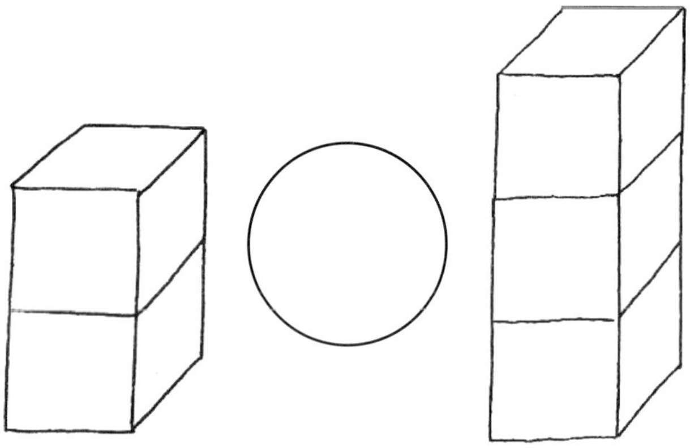

Mehr, weniger oder gleich viel?

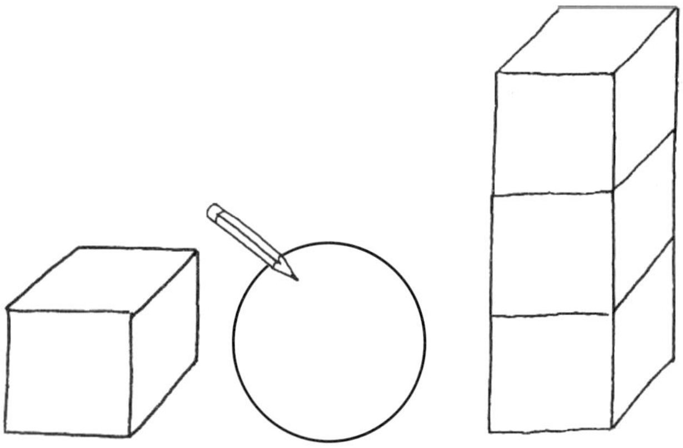

3 ○ 2	2 ○ 3	1 ○ 3
3 ○ 3	3 ○ 2	2 ○ 3
3 ○ 1	3 ○ 3	2 ○ 3

Kistler/Schneider: Rechnen ohne Stolperstein, Band 1A. Illustrationen: Kristina Klotz

Wir zerlegen:

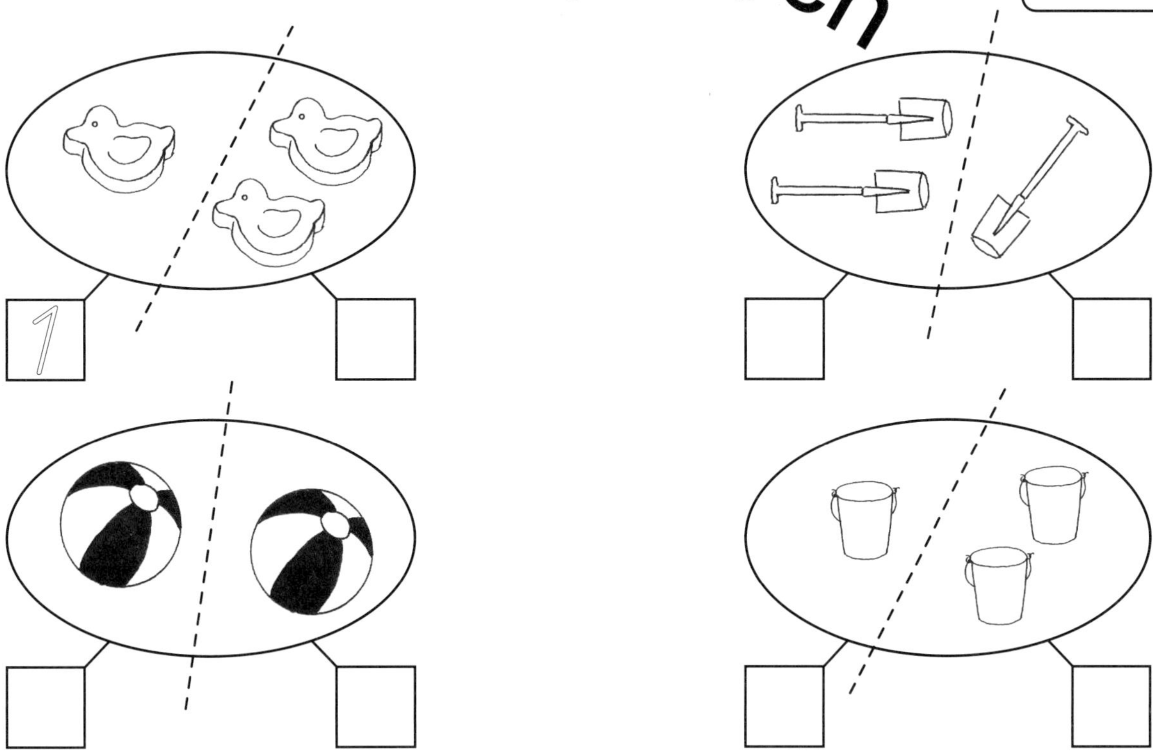

Wie ist die 3 zerlegt?

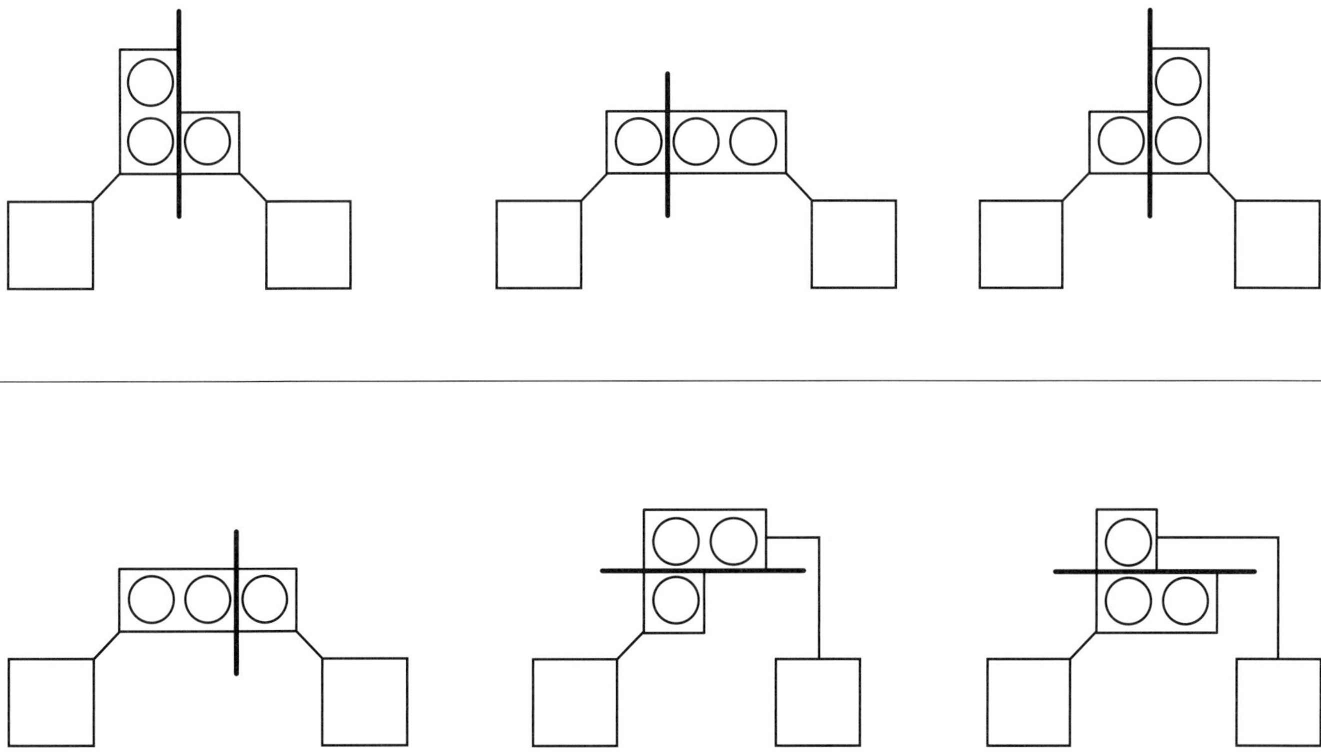

© 2019 Cornelsen Verlag GmbH, Berlin. Alle Rechte vorbehalten. Die Vervielfältigung dieser Seite ist für den eigenen Unterrichtsgebrauch gestattet. Für inhaltliche Veränderungen durch Dritte übernimmt der Verlag keine Verantwortung.

Wie viele fehlen?

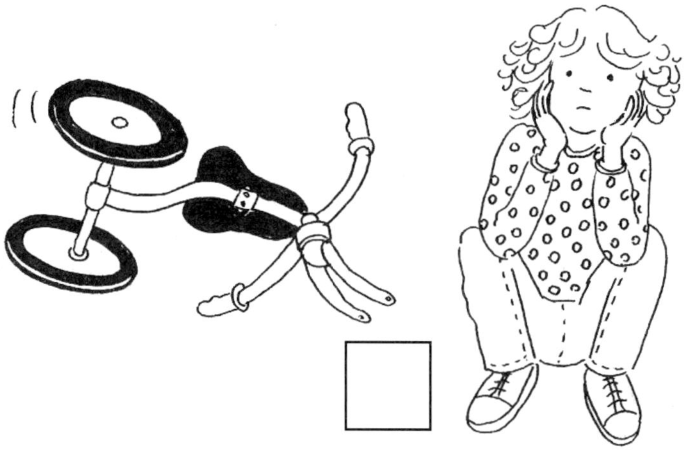

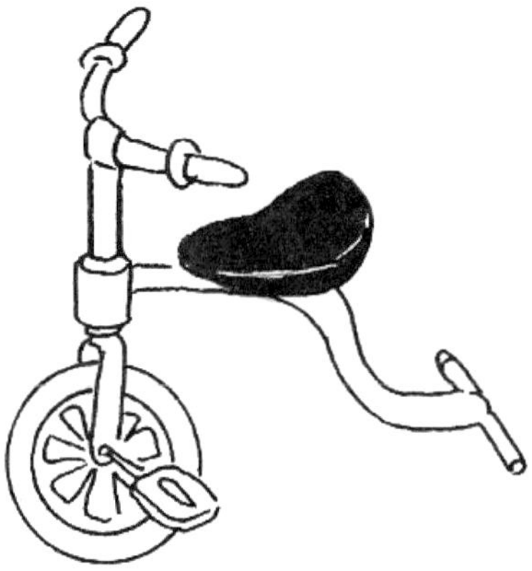

Ergänze!

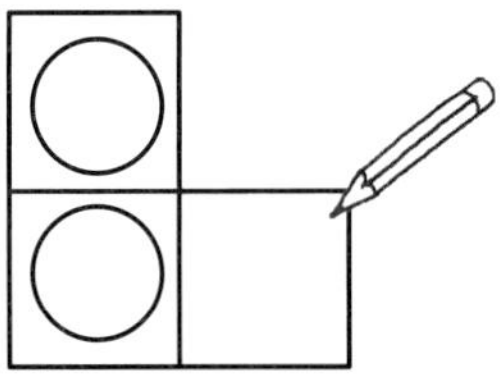

1

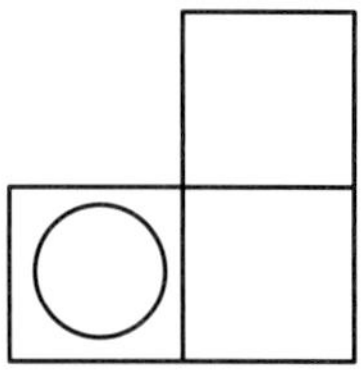

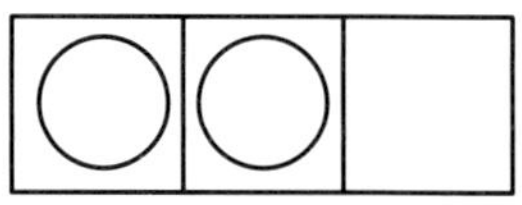

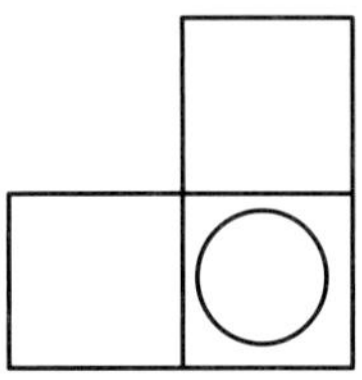

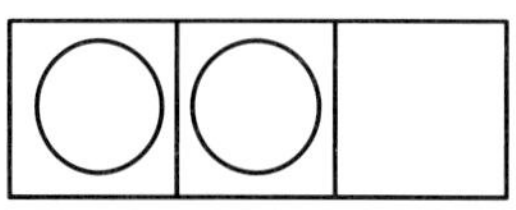

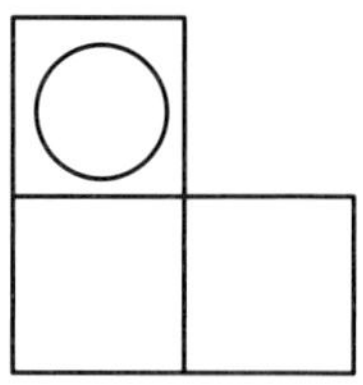

Kistler/Schneider: Rechnen ohne Stolperstein, Band 1A. Illustrationen: Kristina Klotz

Wie viele kommen dazu?

3

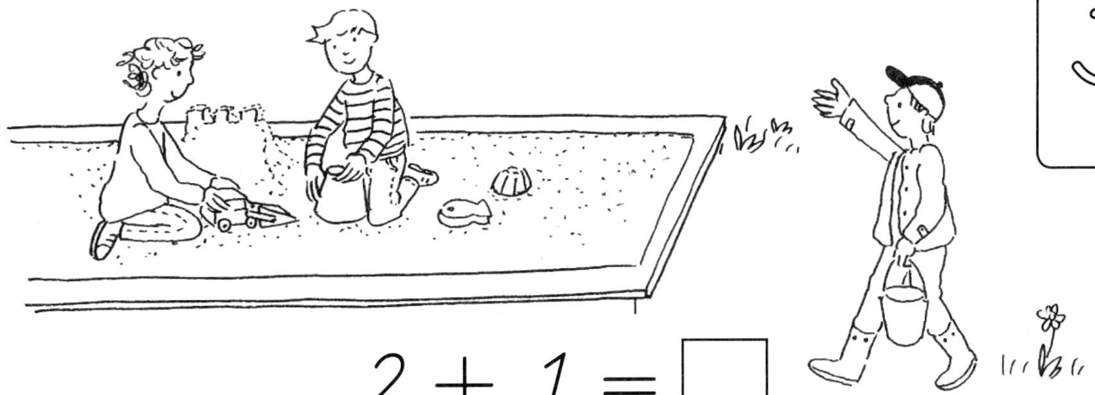

$2 + 1 = \square$

Schreibe auf!

$2 + 1 = \square$

$1 + 2 = \square$

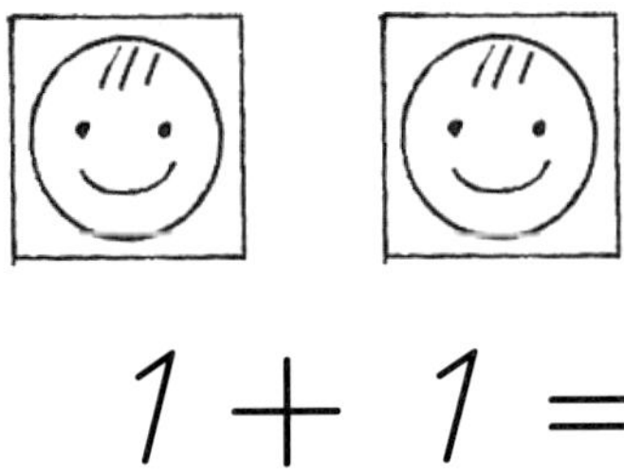

$1 + 1 = \square$

$2 + 1 = \square$

© 2019 Cornelsen Verlag GmbH, Berlin. Alle Rechte vorbehalten. Die Vervielfältigung dieser Seite ist für den eigenen Unterrichtsgebrauch gestattet. Für inhaltliche Veränderungen durch Dritte übernimmt der Verlag keine Verantwortung.

3 $\oplus$

Rechne und male!

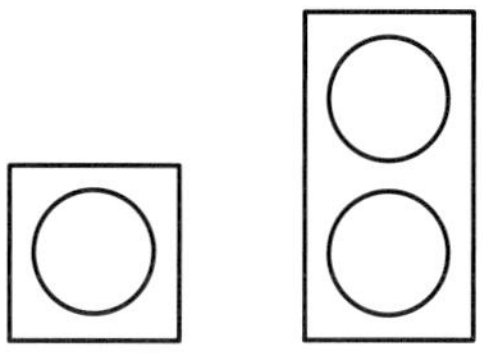

$1 + 2 = \square$

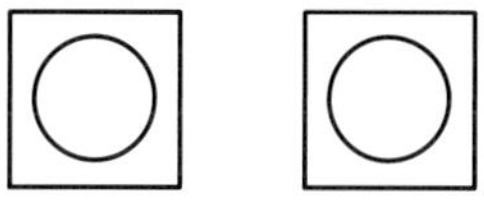

$1 + 1 = \square$

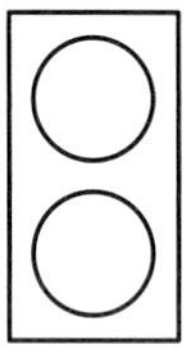

$2 + 1 = \square$

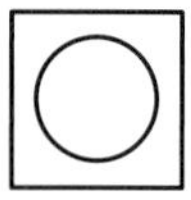

$1 + 2 = \square$

Male die Rechnung!

$1 + 1 = \square$

$2 + 1 = \square$

$1 + 2 = \square$

$1 + 1 = \square$

Kistler/Schneider: Rechnen ohne Stolperstein, Band 1A. Illustrationen: Kristina Klotz

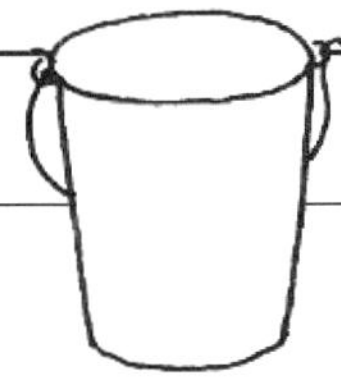

Wie heiβt die Rechnung?

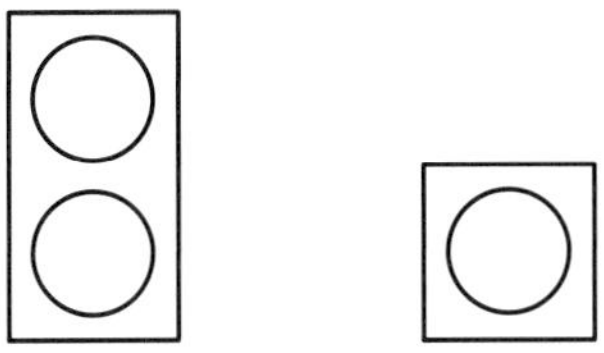

□ ○ □ ○ □

□ ○ □ ○ □

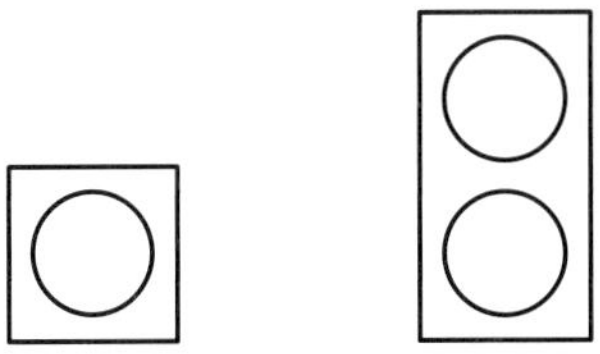

□ ○ □ ○ □

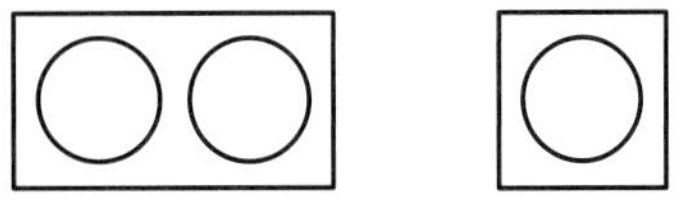

□ ○ □ ○ □

Rechne und male das Bild richtig aus!

$1 + 2 =$ □

$2 + 1 =$ □

$1 + 1 =$ □

$2 + 1 =$ □

$1 + 1 =$ □

$1 + 2 =$ □

2 = grün

3 = blau

$2 + 1 =$ □

$1 + 1 =$ □

© 2019 Cornelsen Verlag GmbH, Berlin. Alle Rechte vorbehalten. Die Vervielfältigung dieser Seite ist für den eigenen Unterrichtsgebrauch gestattet. Für inhaltliche Veränderungen durch Dritte übernimmt der Verlag keine Verantwortung.

Rechne!

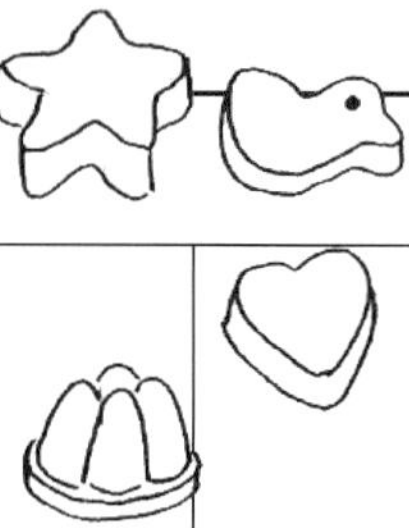

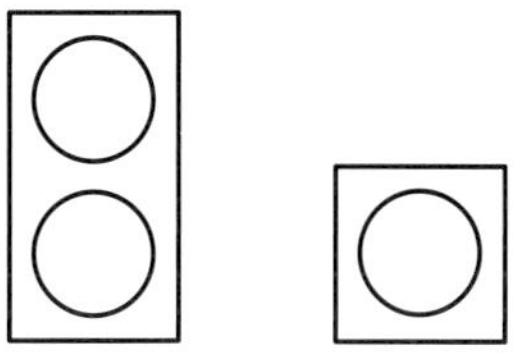

$2 + 1 = \square$

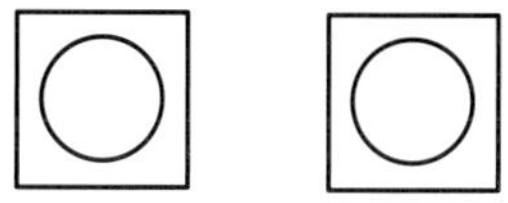

$1 + 1 = \square$

$1 + 2 = \square$

$2 + 1 = \square$

$1 + 1 = \square$

$2 + 1 = \square$

$1 + 1 = \square$

$1 + 2 = \square$

Rechen-Tunnel

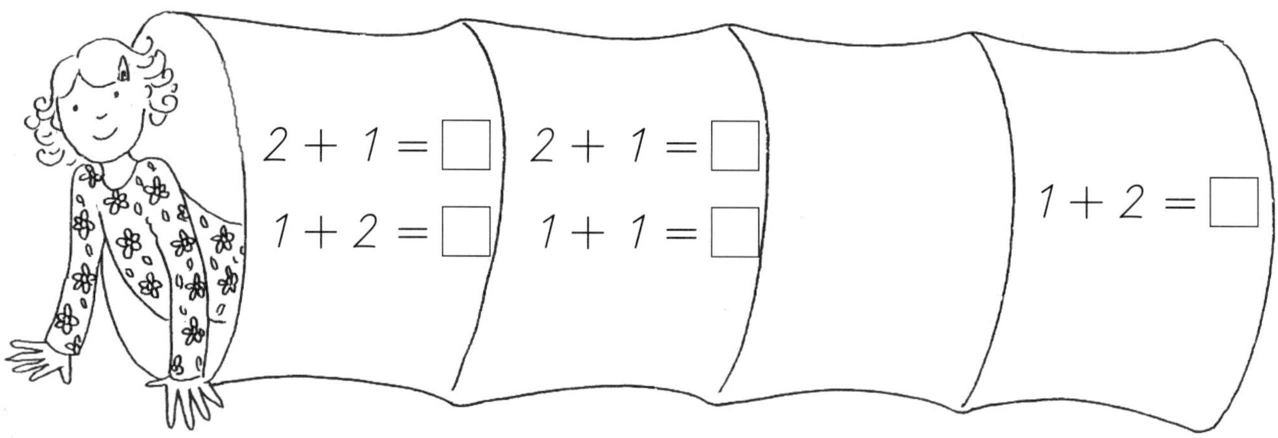

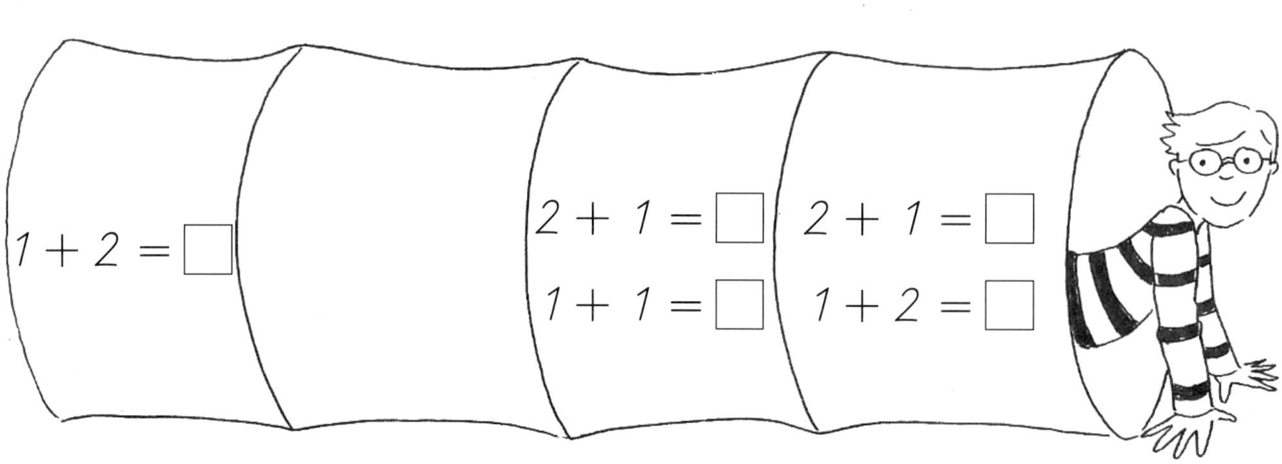

Kistler/Schneider: Rechnen ohne Stolperstein, Band 1A. Illustrationen: Kristina Klotz

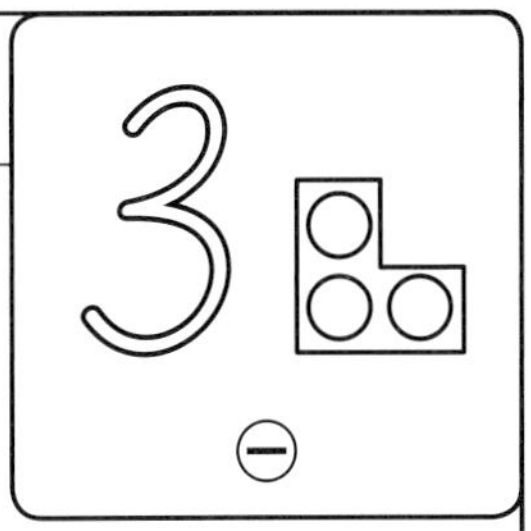

Wie viele gehen weg?

$3 - 1 = \square$

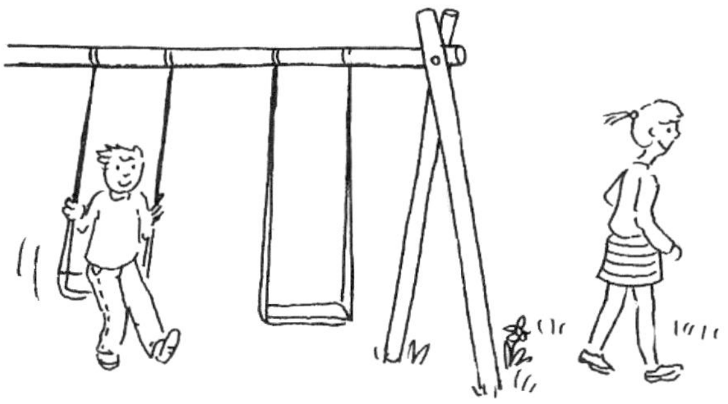

$\square \bigcirc \square \bigcirc \square$

$\square \bigcirc \square \bigcirc \square$

Schreibe auf!

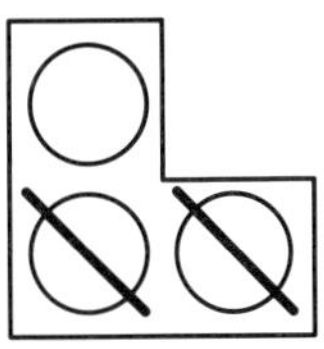

$3 - 2 = \square$

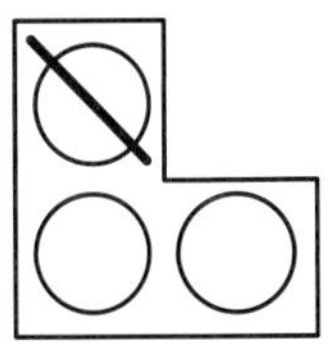

$3 - 1 = \square$

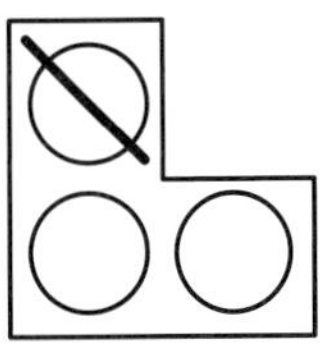

$3 - 1 = \square$

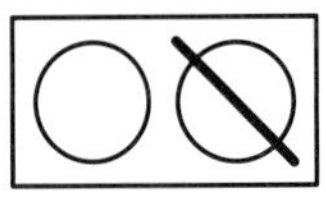

$2 - 1 = \square$

© 2019 Cornelsen Verlag GmbH, Berlin. Alle Rechte vorbehalten. Die Vervielfältigung dieser Seite ist für den eigenen Unterrichtsgebrauch gestattet. Für inhaltliche Veränderungen durch Dritte übernimmt der Verlag keine Verantwortung.

Streiche weg und rechne!

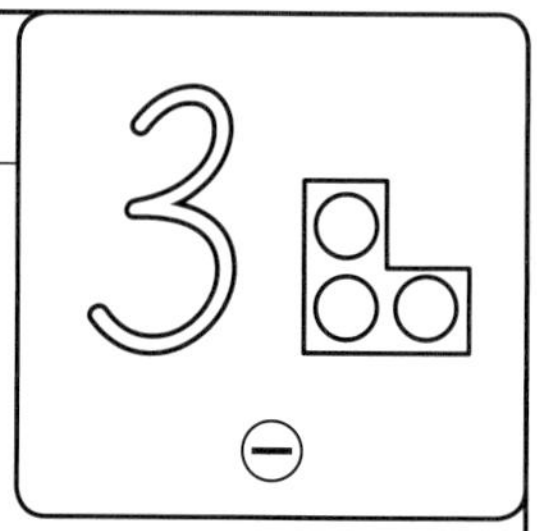

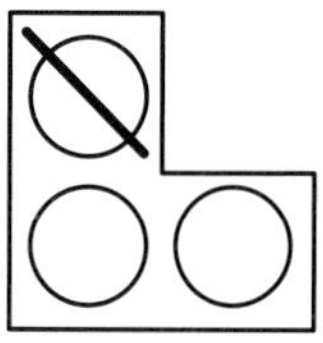

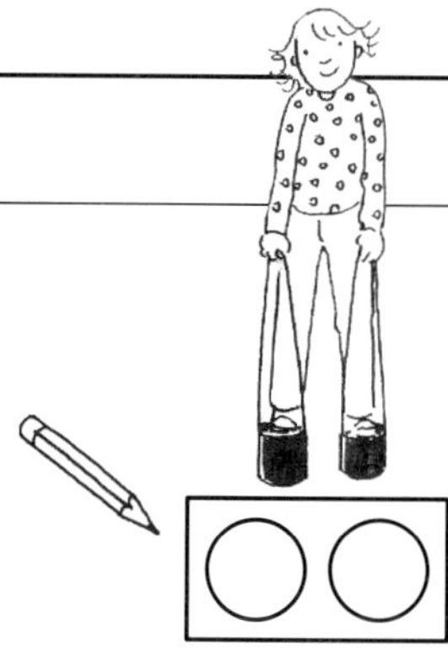

$3 - 1 =$ ☐

$2 - 1 =$ ☐

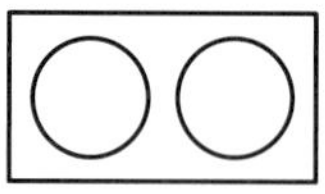

$2 - 1 =$ ☐

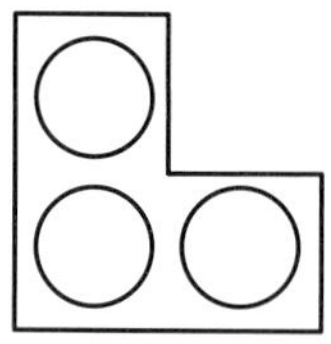

$3 - 2 =$ ☐

Male die Rechnung!

$3 - 2 =$ ☐

$3 - 1 =$ ☐

$3 - 1 =$ ☐

$2 - 1 =$ ☐

Kistler / Schneider: Rechnen ohne Stolperstein, Band 1A. Illustrationen: Kristina Klotz

Wie heiβt die Rechnung?

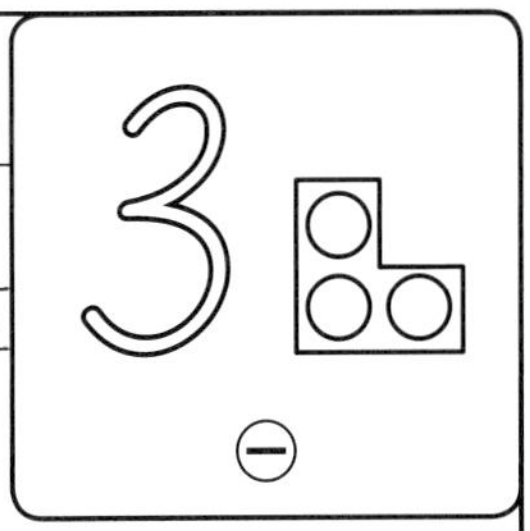

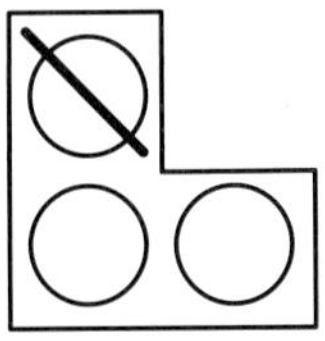

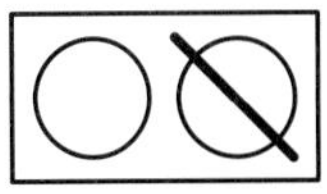

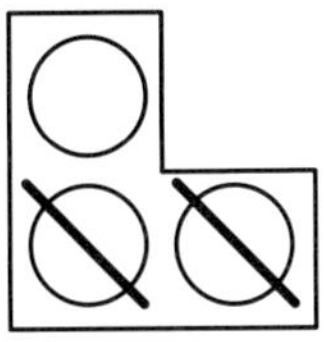

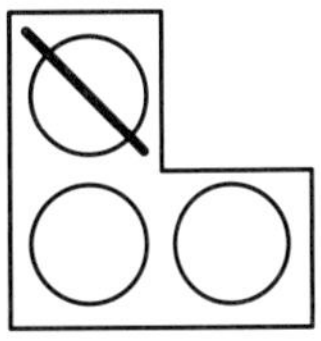

Rechen-Ranzen

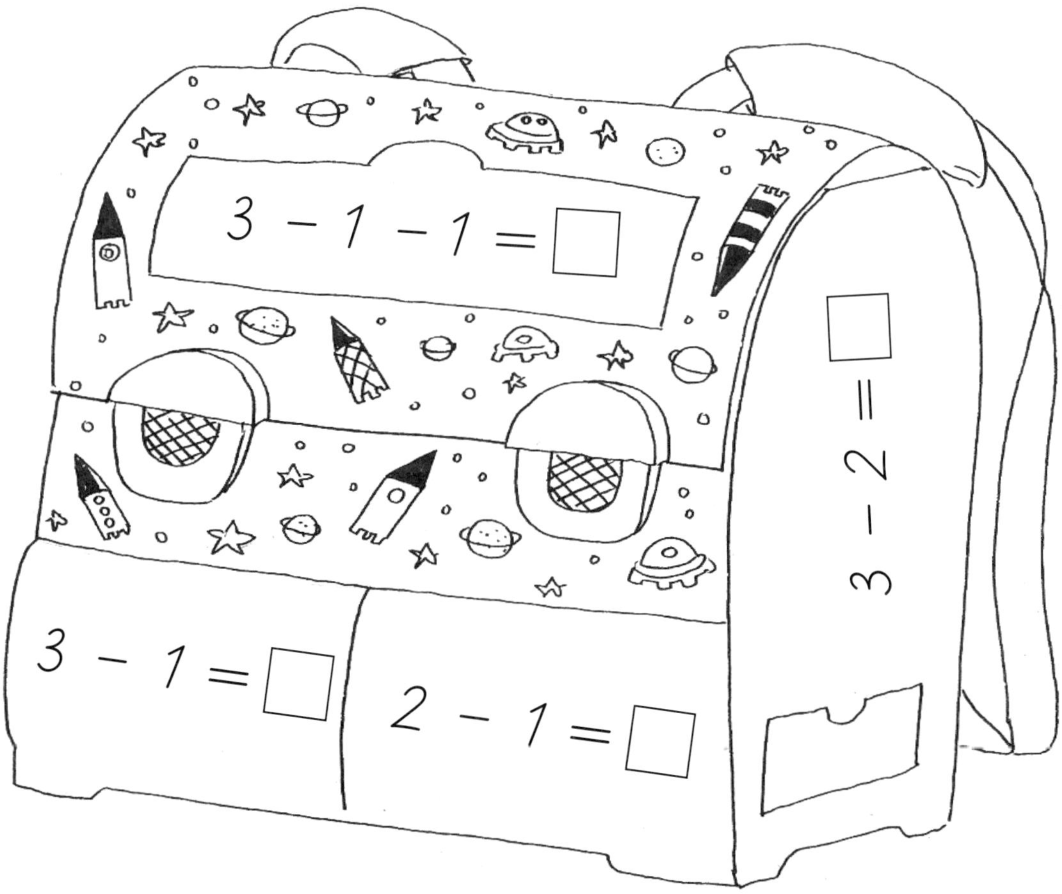

© 2019 Cornelsen Verlag GmbH, Berlin. Alle Rechte vorbehalten. Die Vervielfältigung dieser Seite ist für den eigenen Unterrichtsgebrauch gestattet. Für inhaltliche Veränderungen durch Dritte übernimmt der Verlag keine Verantwortung.

Rechne!

$2 - 1 = \square$

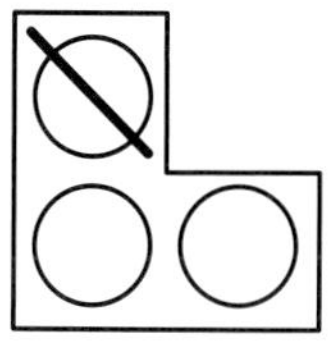

$3 - 1 = \square$

$3 - 1 = \square$

$2 - 1 = \square$

$3 - 2 = \square$

$2 - 1 = \square$

$3 - 2 = \square$

$3 - 1 = \square$

Suche die Aufgaben und rechne!

Kistler/Schneider: Rechnen ohne Stolperstein, Band 1A. Illustrationen: Kristina Klotz

Wie viele kommen dazu? Wie viele gehen weg?

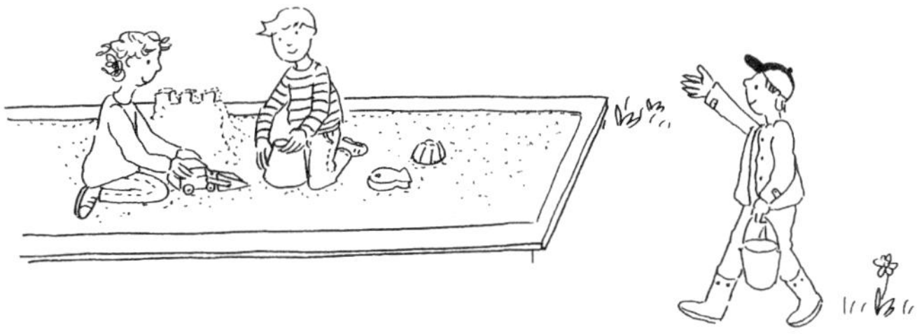

$2 + 1 = \square$

$3 - 1 = \square$

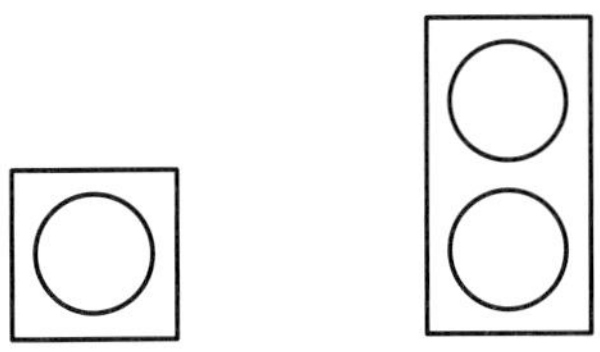

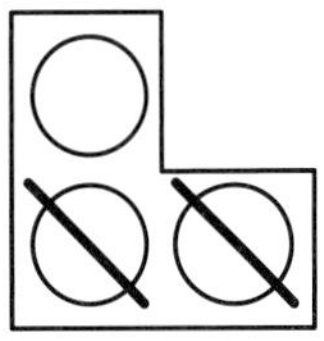

$\square \bigcirc \square \bigcirc \square$

$\square \bigcirc \square \bigcirc \square$

Male die Rechnung!

$1 + 1 = \square$

$1 + 2 = \square$

$3 - 2 = \square$

$2 - 1 = \square$

© 2019 Cornelsen Verlag GmbH, Berlin. Alle Rechte vorbehalten. Die Vervielfältigung dieser Seite ist für den eigenen Unterrichtsgebrauch gestattet. Für inhaltliche Veränderungen durch Dritte übernimmt der Verlag keine Verantwortung.

Rechne!

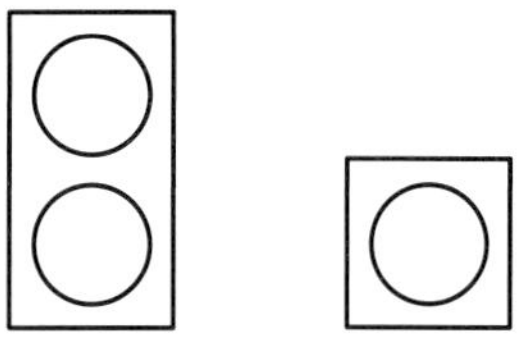

$2 + 1 = \square$

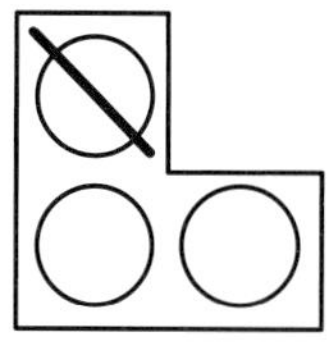

$3 - 1 = \square$

$2 - 1 = \square$

$2 + 1 = \square$

$1 + 2 = \square$

$3 - 2 = \square$

$3 - 1 = \square$

$1 + 1 = \square$

$2 + 1 = \square$

$2 - 1 = \square$

Rechen-Rutsche

Kistler/Schneider: Rechnen ohne Stolperstein, Band 1A. Illustrationen: Kristina Klotz

Rechengeschichten

3

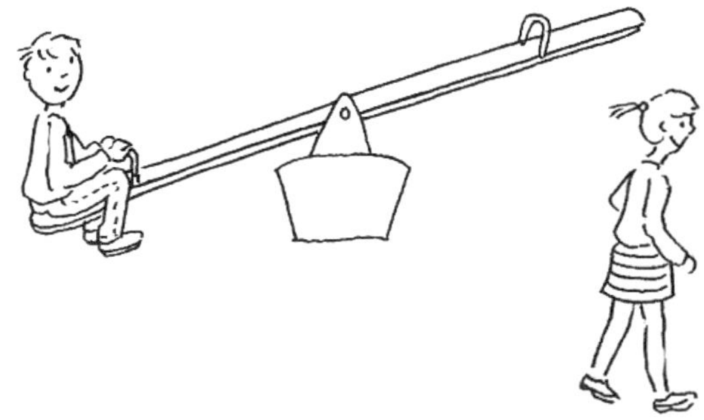

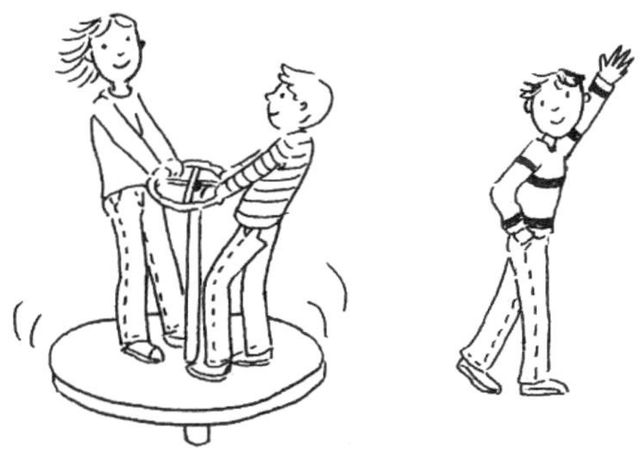

© 2019 Cornelsen Verlag GmbH, Berlin. Alle Rechte vorbehalten. Die Vervielfältigung dieser Seite ist für den eigenen Unterrichtsgebrauch gestattet. Für inhaltliche Veränderungen durch Dritte übernimmt der Verlag keine Verantwortung.

Die runden Dinge fehlen: Male sie dazu!

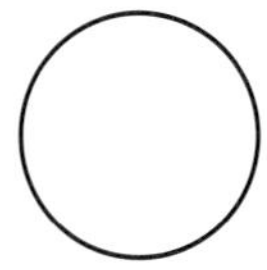

Merkmale: Formen

Runde Dinge: Male richtig aus!

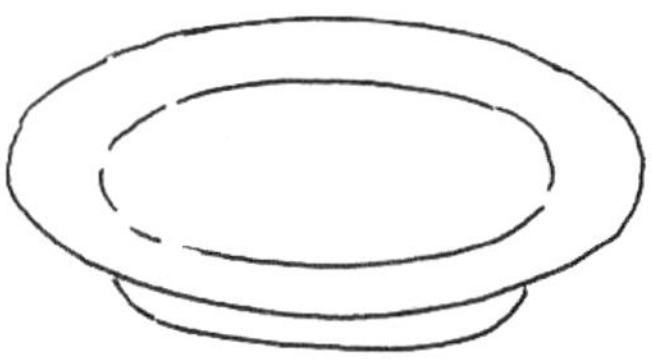

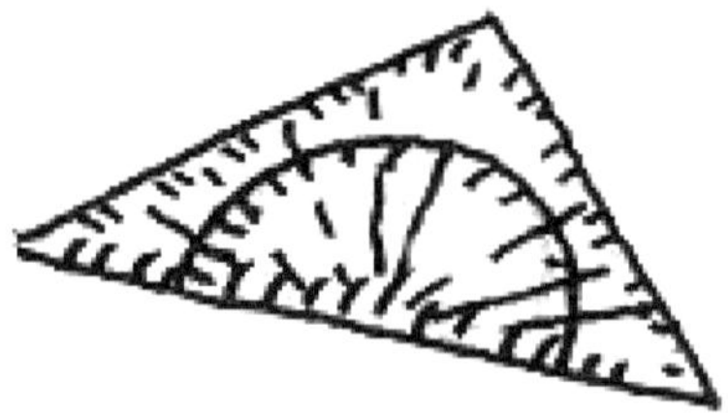

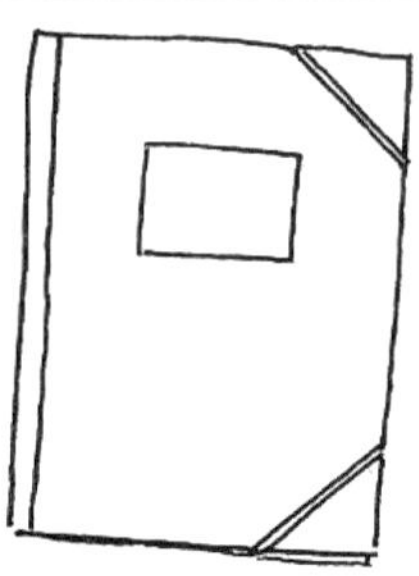

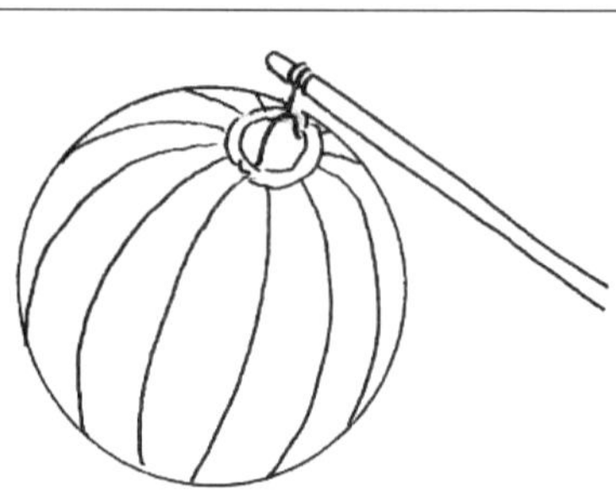

Kistler/Schneider: Rechnen ohne Stolperstein, Band 1A. Illustrationen: Kristina Klotz

Quadrate: Male richtig aus!

Merkmale: Formen

Quadratisch oder rund? Male richtig aus!

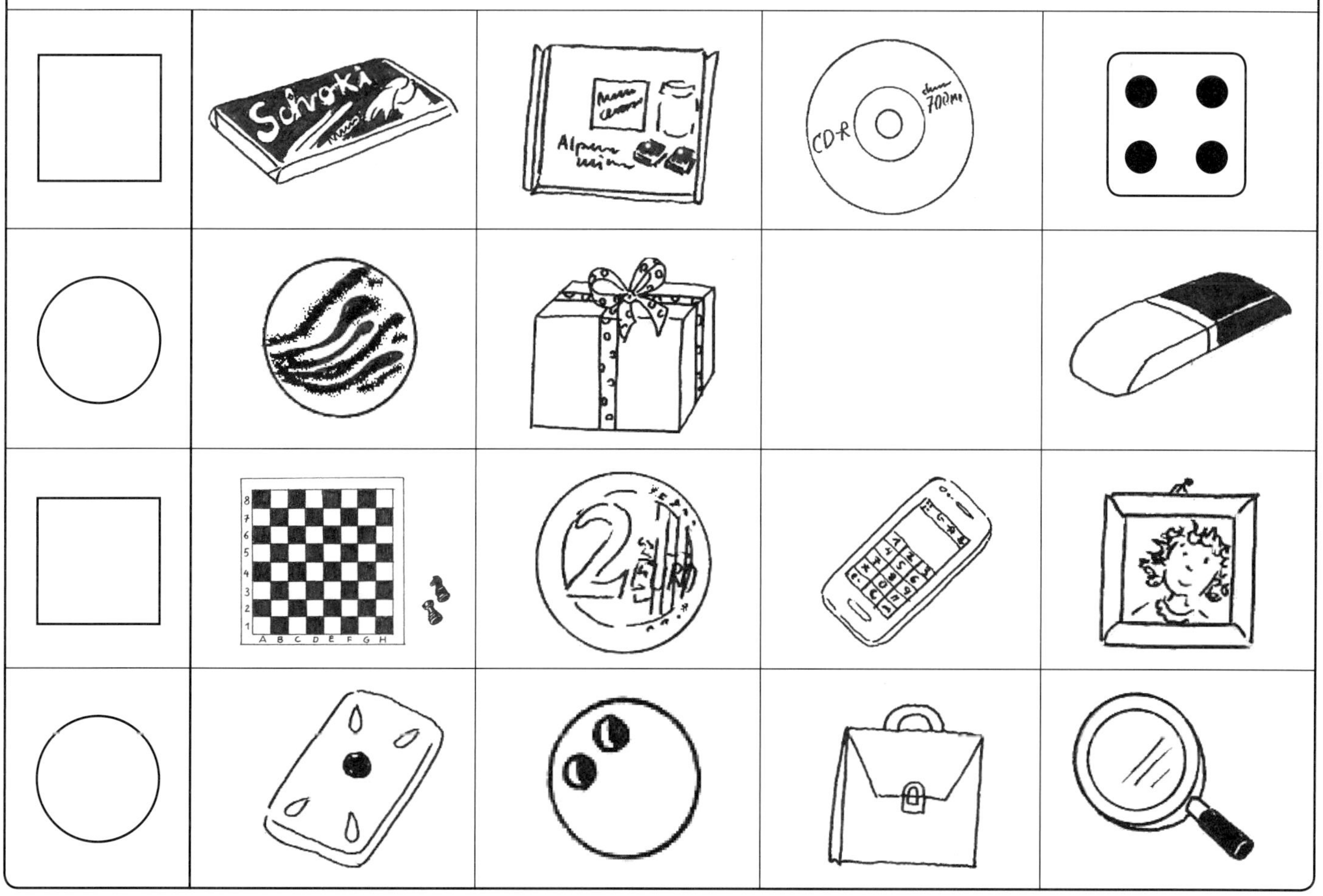

© 2019 Cornelsen Verlag GmbH, Berlin. Alle Rechte vorbehalten. Die Vervielfältigung dieser Seite ist für den eigenen Unterrichtsgebrauch gestattet. Für inhaltliche Veränderungen durch Dritte übernimmt der Verlag keine Verantwortung.

Rechtecke: Male richtig aus!

Merkmale:
Formen

Rechteckig oder rund? Male richtig aus!

Kistler/Schneider: Rechnen ohne Stolperstein, Band 1A. Illustrationen: Kristina Klotz

Dreiecke: Male richtig aus!

Merkmale:
Formen

Verbinde alle Dreiecke und male sie aus!

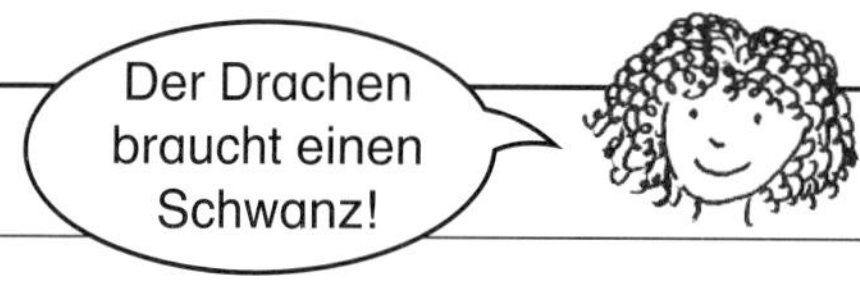

© 2019 Cornelsen Verlag GmbH, Berlin. Alle Rechte vorbehalten. Die Vervielfältigung dieser Seite ist für den eigenen Unterrichtsgebrauch gestattet. Für inhaltliche Veränderungen durch Dritte übernimmt der Verlag keine Verantwortung.

Rund, quadratisch, rechteckig oder dreieckig? Male richtig aus!

Merkmale:
Formen

Zeichne ○, ▭, □ oder △ dazu!

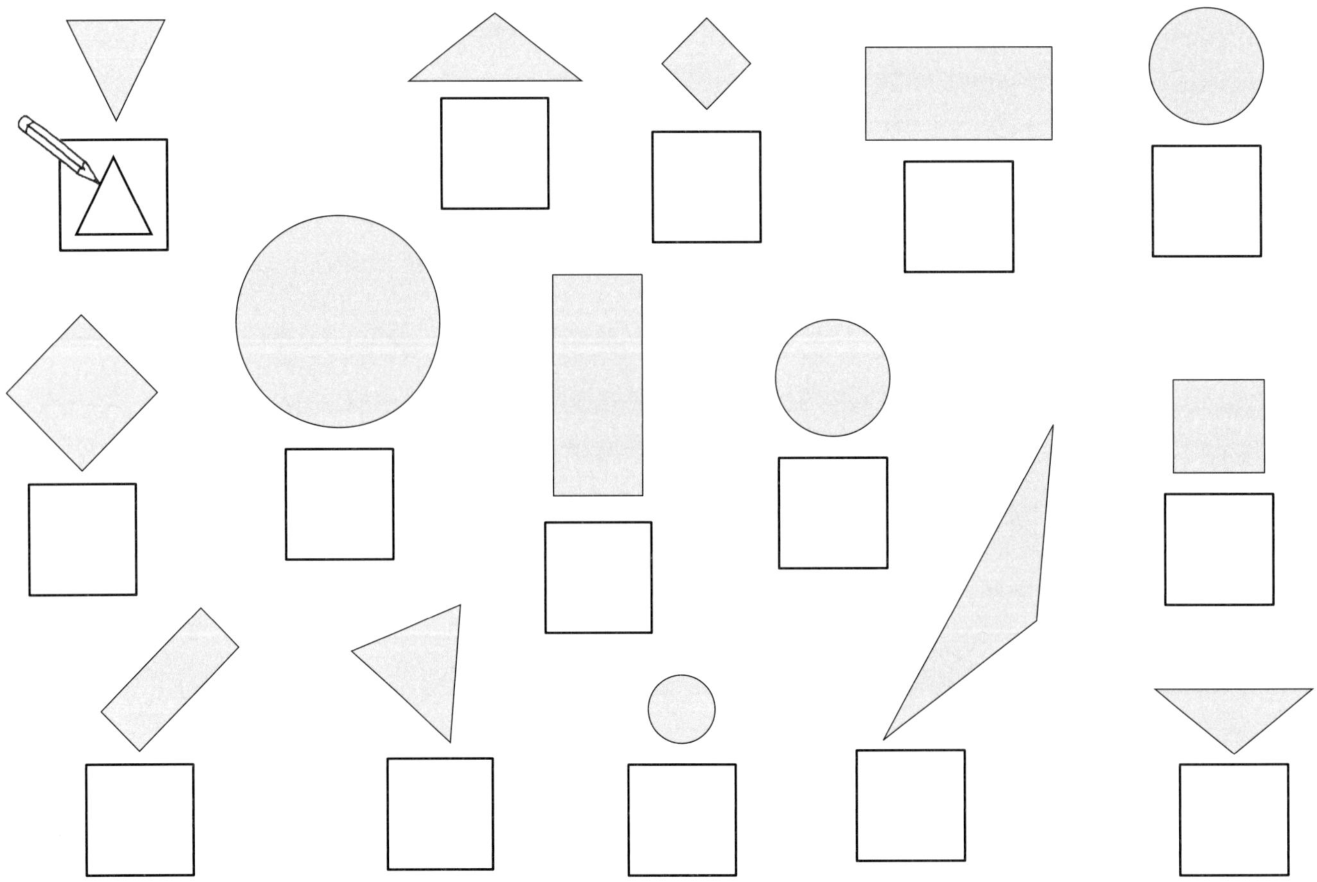

Kistler/Schneider: Rechnen ohne Stolperstein, Band 1A. Illustrationen: Kristina Klotz

Nichts mehr da! Erzähle die Geschichte.

0

Wo hat der Zauberer alles weggezaubert? Male die Tische mit 0 Dingen an!

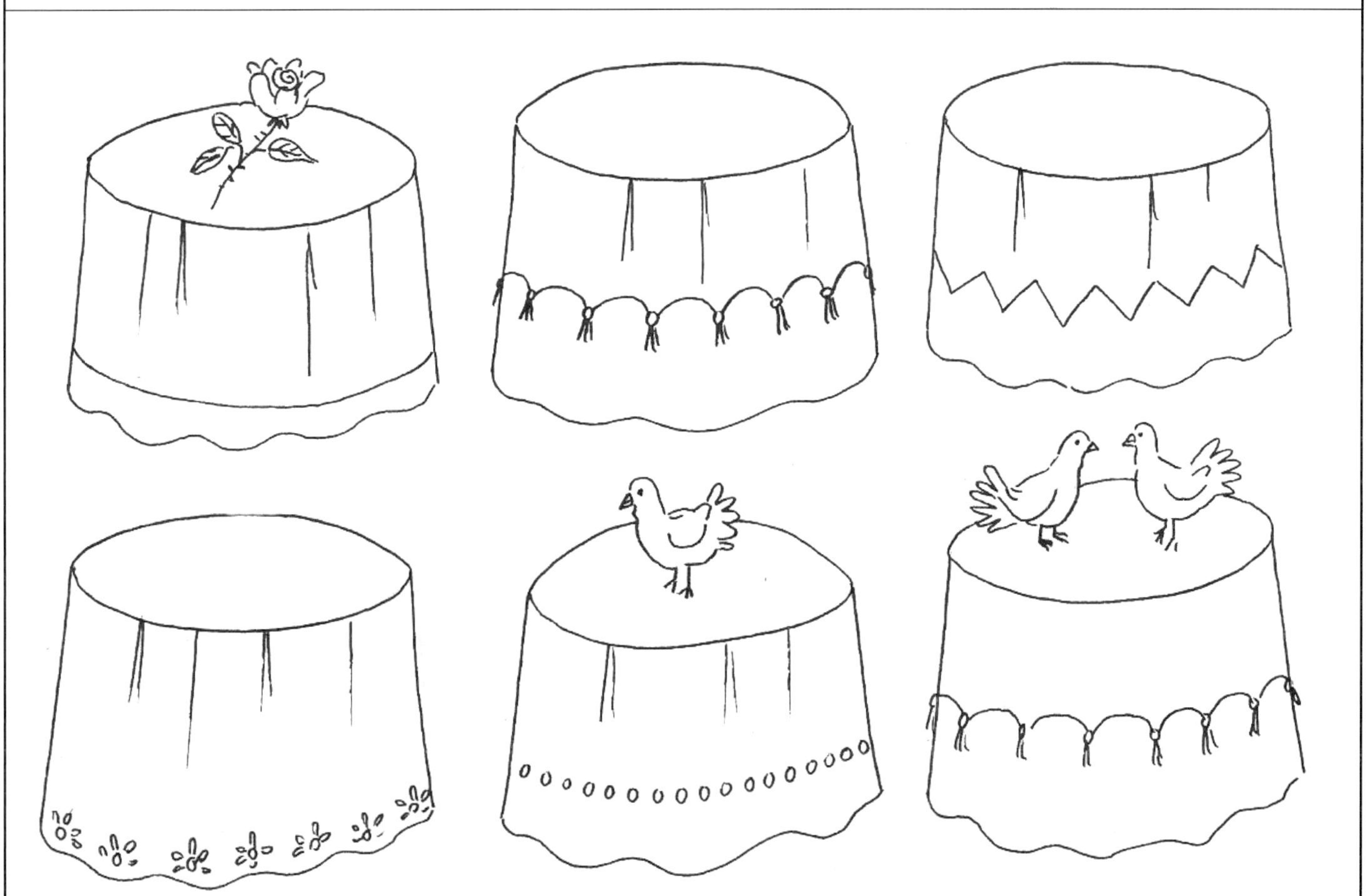

© 2019 Cornelsen Verlag GmbH, Berlin. Alle Rechte vorbehalten. Die Vervielfältigung dieser Seite ist für den eigenen Unterrichtsgebrauch gestattet. Für inhaltliche Veränderungen durch Dritte übernimmt der Verlag keine Verantwortung.

Spure nach und schreibe!

Ziffer schreiben

Kistler/Schneider: Rechnen ohne Stolperstein, Band 1A. Illustrationen: Kristina Klotz

Spure die richtige Zahl nach!

0

Ziffer schreiben

0 1 2 3

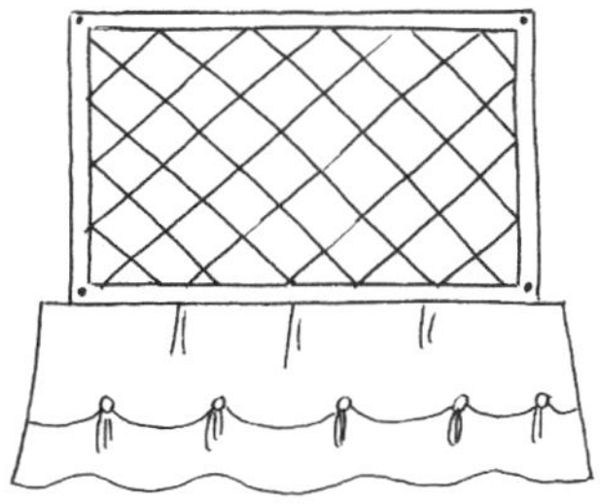

0 1 2 3

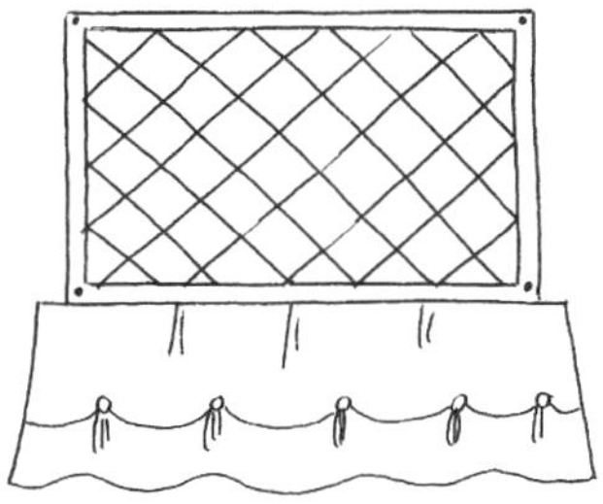

0 1 2 3

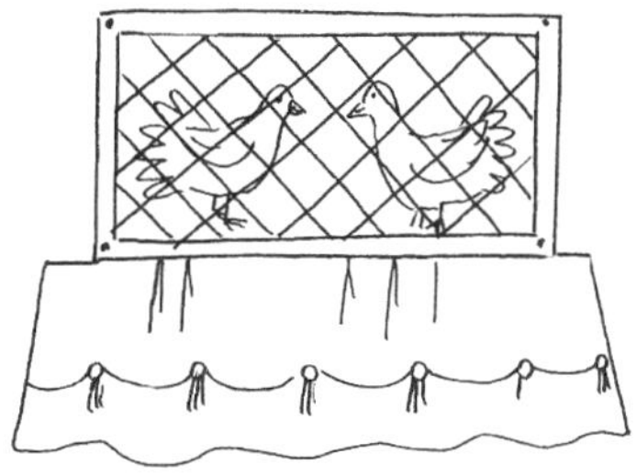

0 1 2 3

Schreibe die richtige Zahl dazu!

1

© 2019 Cornelsen Verlag GmbH, Berlin. Alle Rechte vorbehalten. Die Vervielfältigung dieser Seite ist für den eigenen Unterrichtsgebrauch gestattet. Für inhaltliche Veränderungen durch Dritte übernimmt der Verlag keine Verantwortung.

Wie viele Kerzen brennen noch?

0

$3 - 3 = \square$

$3 - 0 = \square$

$\square \bigcirc \square \bigcirc \square$

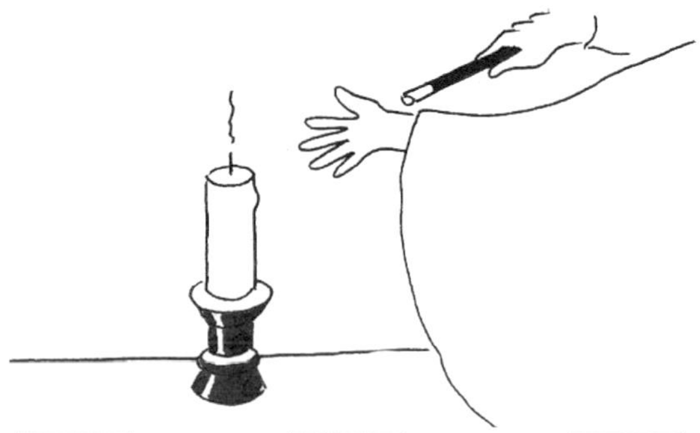

$\square \bigcirc \square \bigcirc \square$

Streiche weg und rechne!

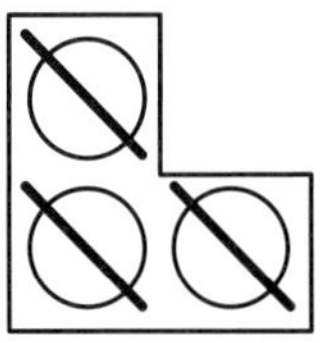

$3 - 3 = \square$

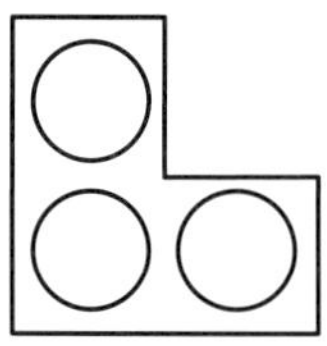

$3 - 2 = \square$

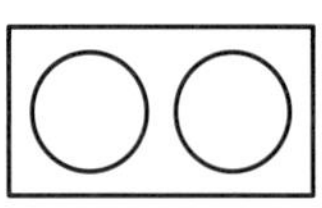

$2 - 2 = \square$

$3 - 0 = \square$

Kistler / Schneider: Rechnen ohne Stolperstein, Band 1A. Illustrationen: Kristina Klotz

Wie viele kommen dazu? Wie viele gehen weg?

0

$3 + 0 = \square$

$2 + 1 = \square$

$3 - 3 = \square$

$3 - 0 = \square$

Was passiert?  ⊕ Fee oder Räuber ⊖  ?

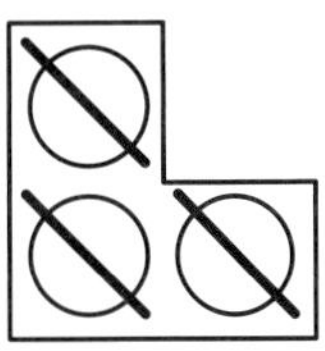

$3 - 3 = \square$

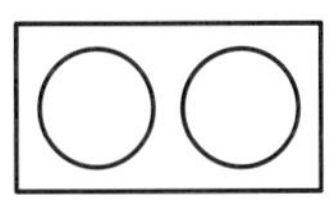

$2 + 0 = \square$

$3 + 0 = \square$

$1 - 0 = \square$

© 2019 Cornelsen Verlag GmbH, Berlin. Alle Rechte vorbehalten. Die Vervielfältigung dieser Seite ist für den eigenen Unterrichtsgebrauch gestattet. Für inhaltliche Veränderungen durch Dritte übernimmt der Verlag keine Verantwortung.

Rechne!

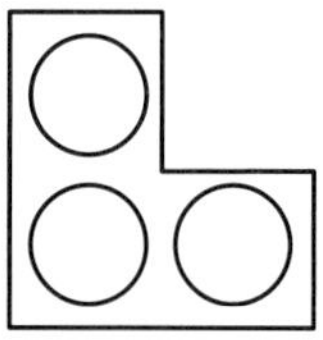

$3 + 0 = \square$

$2 - 2 = \square$

$3 - 2 = \square$

$1 - 1 = \square$

$2 - 0 = \square$

$2 + 0 = \square$

$2 - 2 = \square$

$3 + 0 = \square$

$0 + 1 = \square$

$3 - 3 = \square$

Rechnen mit dem Zauberhut!

$1 - 1 = \square$

$3 - 0 = \square$

$0 + 2 = \square$

$0 + 1 = \square$

$3 - 3 = \square$

$2 + 1 = \square$

$1 + 2 = \square$

$2 - 2 = \square$

$1 - 0 = \square$

$0 + 0 = \square$

Kistler/Schneider: Rechnen ohne Stolperstein, Band 1A. Illustrationen: Kristina Klotz

Wie viele Perlen sind versteckt?

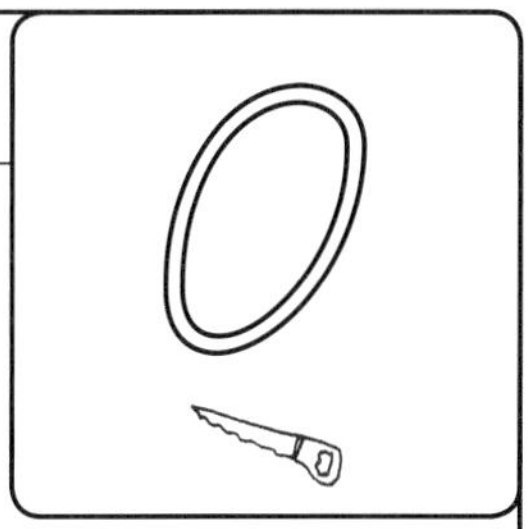

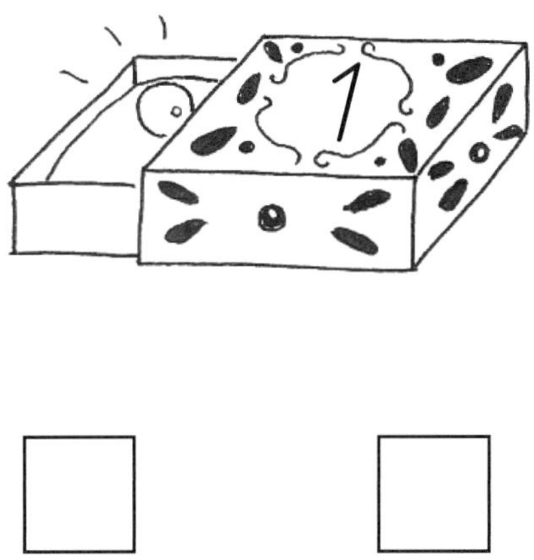

© 2019 Cornelsen Verlag GmbH, Berlin. Alle Rechte vorbehalten. Die Vervielfältigung dieser Seite ist für den eigenen Unterrichtsgebrauch gestattet. Für inhaltliche Veränderungen durch Dritte übernimmt der Verlag keine Verantwortung.

Male und schreibe!

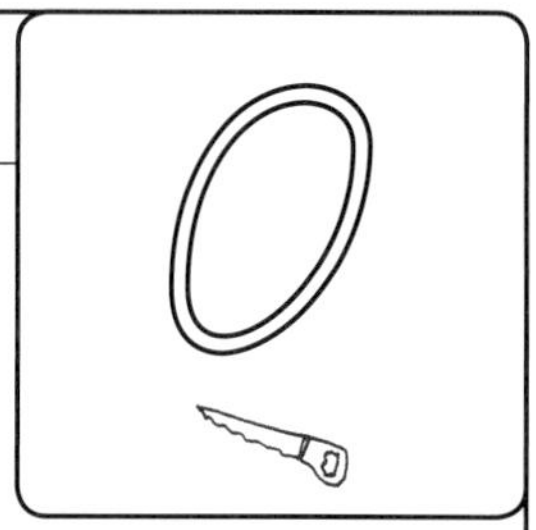

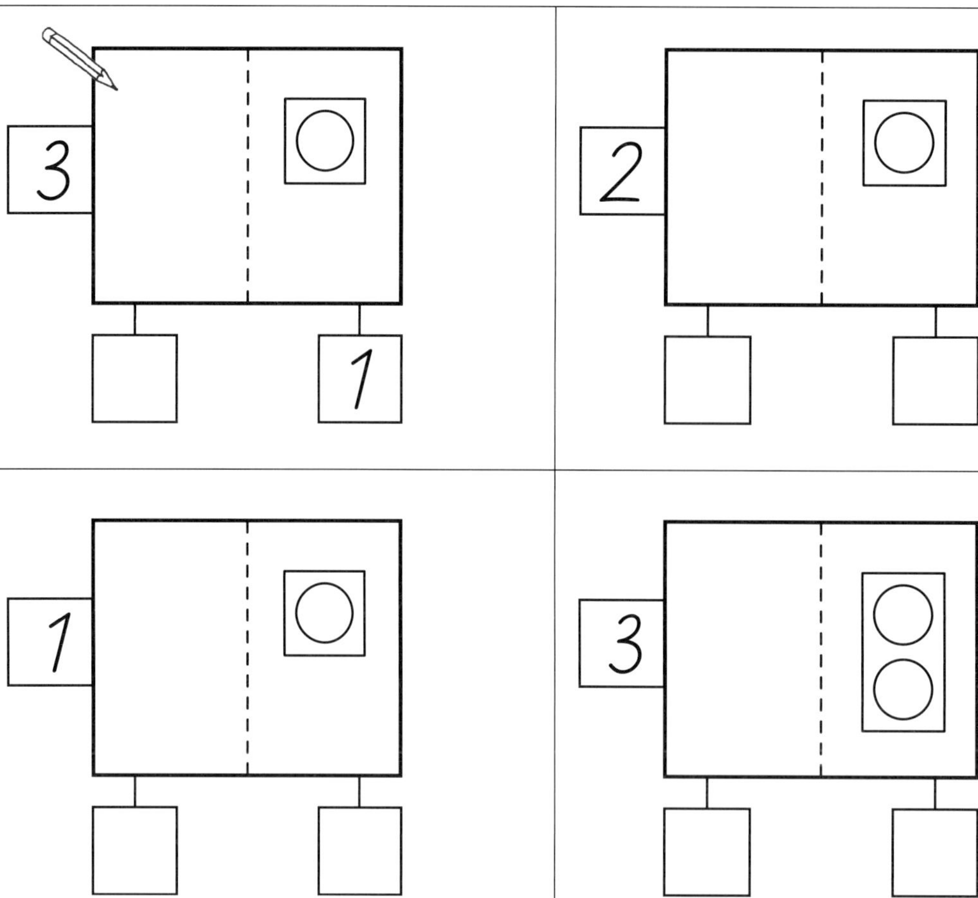

Was passiert?  ⊕ Fee oder Räuber ⊖  ?

3 ○ 2 = 1

0 ○ 2 = 2

3 ○ 0 = 3

1 ○ 2 = 3

0 ○ 3 = 3

2 ○ 2 = 0

3 ○ 1 = 2

2 ○ 1 = 3

Kistler/Schneider: Rechnen ohne Stolperstein, Band 1A. Illustrationen: Kristina Klotz

Drei Freundinnen gehören zusammen: Finde die Aufgaben!

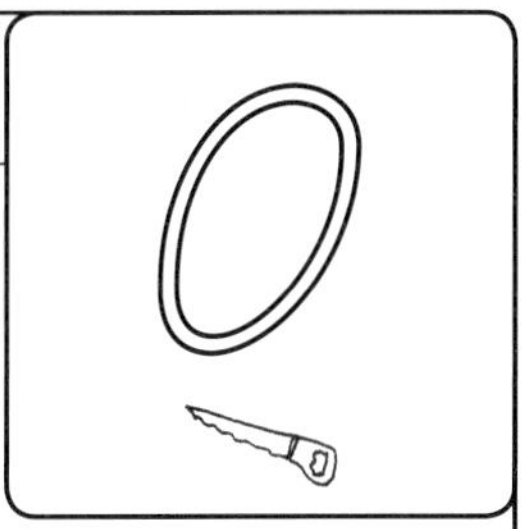

1 + 2 = □

2 + □ = □

3 − □ = □

□ − □ = □

Drei Freunde gehören zusammen: Finde die Aufgaben!

□ + □ = □

□ + □ = □

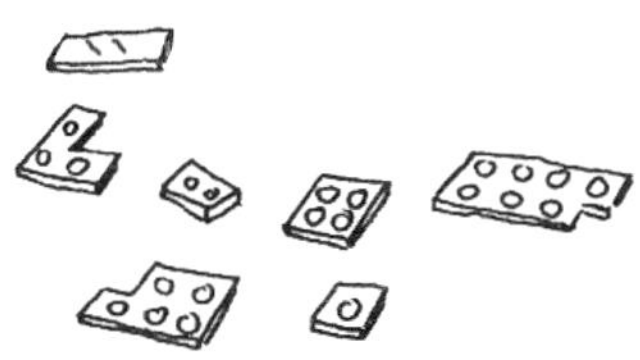

□ − □ = □

□ − □ = □

© 2019 Cornelsen Verlag GmbH, Berlin. Alle Rechte vorbehalten. Die Vervielfältigung dieser Seite ist für den eigenen Unterrichtsgebrauch gestattet. Für inhaltliche Veränderungen durch Dritte übernimmt der Verlag keine Verantwortung.

Male das Muster fertig!

Reihenbildung

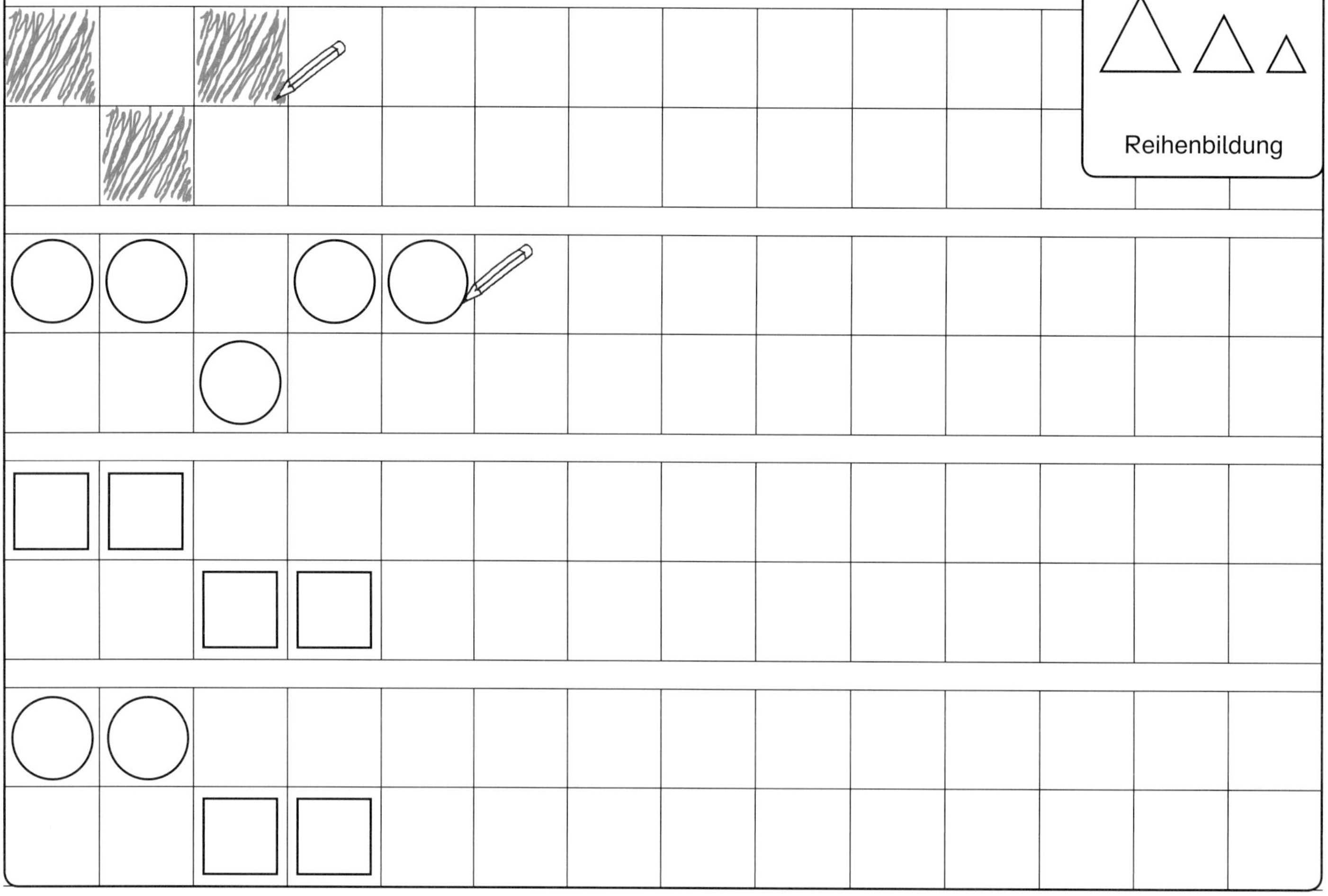

Male die Ketten richtig aus!

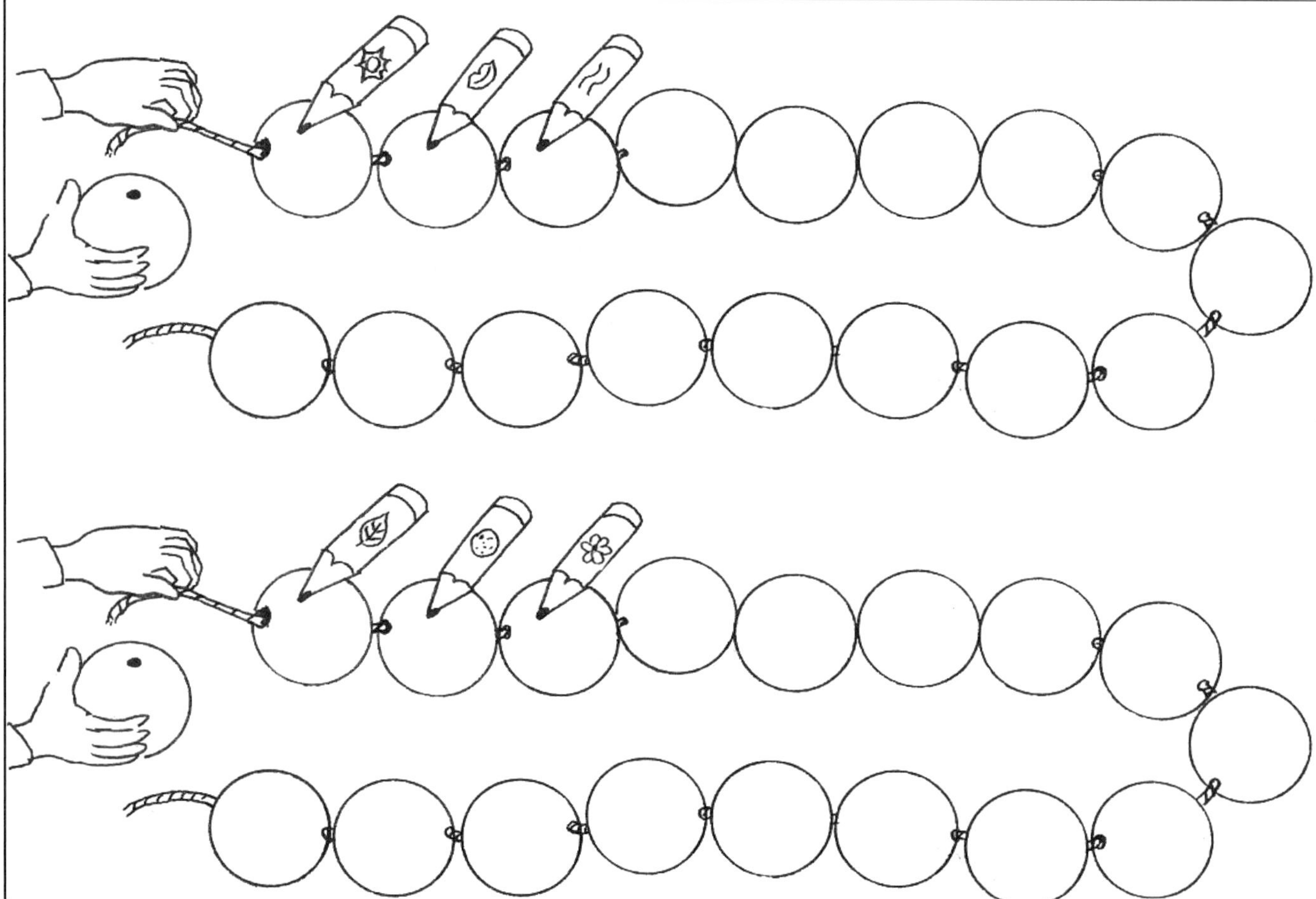

Kistler/Schneider: Rechnen ohne Stolperstein, Band 1A. Illustrationen: Kristina Klotz

Male so aus:

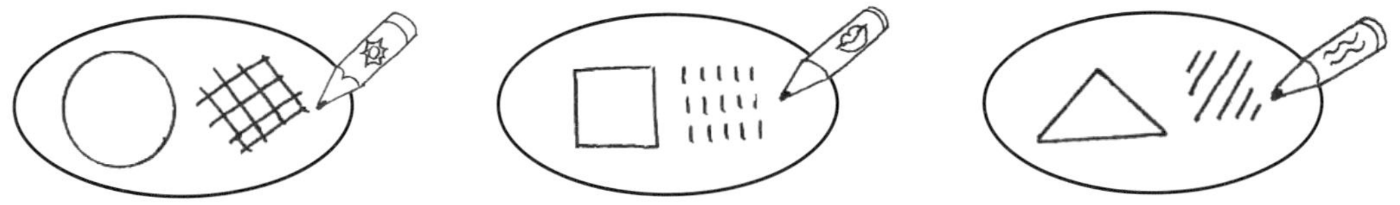

Male richtig aus!

© 2019 Cornelsen Verlag GmbH, Berlin. Alle Rechte vorbehalten. Die Vervielfältigung dieser Seite ist für den eigenen Unterrichtsgebrauch gestattet. Für inhaltliche Veränderungen durch Dritte übernimmt der Verlag keine Verantwortung.

Große und kleine Formen: Verbinde richtig!

Reihenbildung: Seriation

Male richtig!

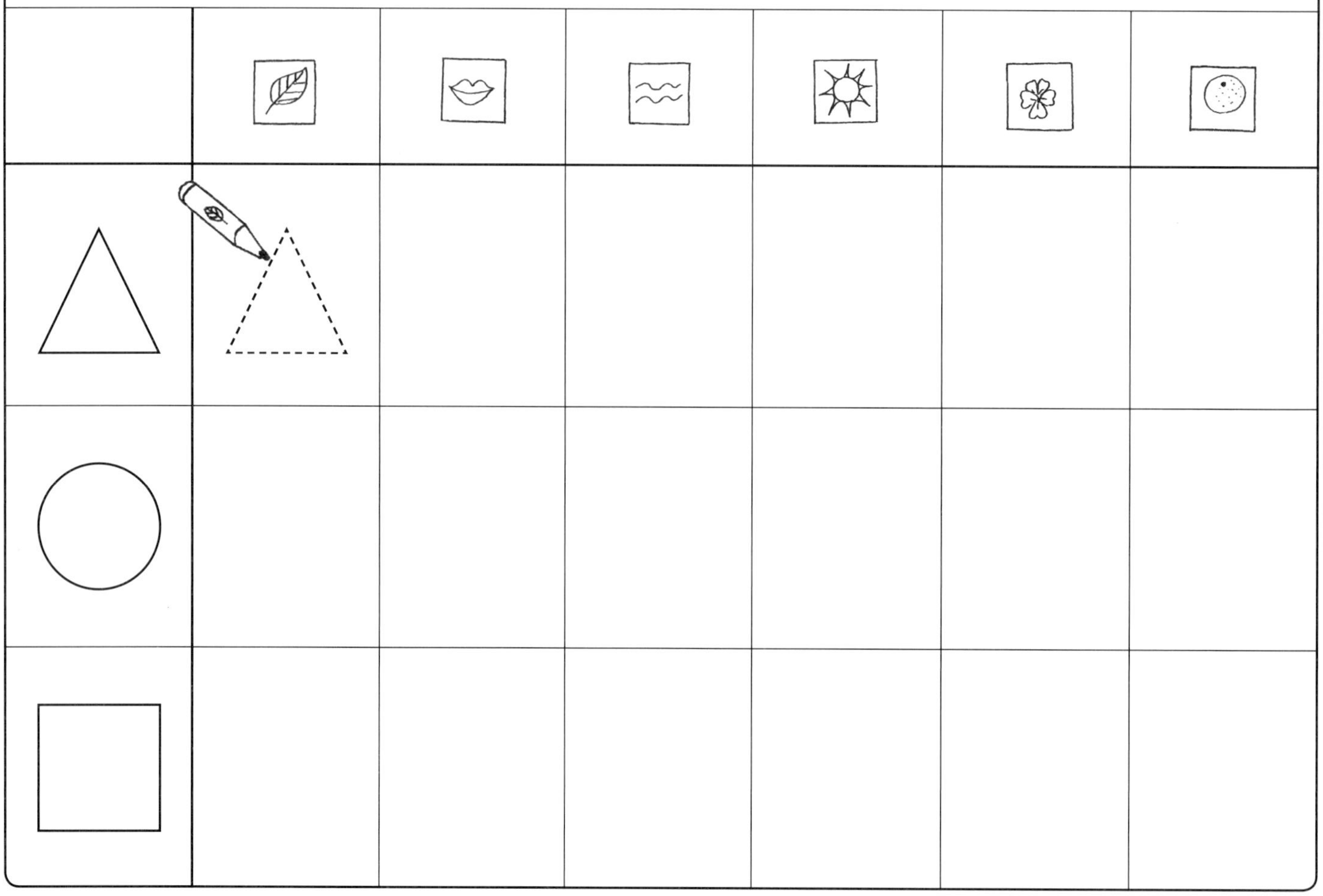

Kistler/Schneider: Rechnen ohne Stolperstein, Band 1A. Illustrationen: Kristina Klotz